一九三〇年代「教労運動」とその歌人たち

―長野県「二・四事件」のひびき―

碓田のぼる

はじめに

「教労」とは、耳なれない言葉かと思います。正式には「日本教育労働者組合」の略称で、治安維持法下の一九三〇年一一月に結成された、日本で最初の教育労働者の組合です。当時は、基本的人権を認めず、労働組合の団結権も認めず、労働組合の存在も許さなかった時代でしたから、「教労」は非合法な組織でした。

一九二六年一二月の、大正から昭和への改元以降敗戦までの二〇年間は、一九三一年九月の柳条湖事件にはじまる満州事変から日中戦争の拡大、太平洋戦争、十五年戦争と呼ばれる侵略戦争の時代でした。それは、とりわけ、平和と民主主義、子どものすこやかな成長と発達を願う、日本の良心的な教師たちにとって、煉獄のようなたたかいの日々でした。十五年戦争下の時代の暗さ、重さは、想像を絶するものがありました。

一九二二年七月一五日に創立された日本共産党は、侵略戦争反対をメイン・スローガンに掲げていました。支配階級（政治・経済の実権を握った階級）は、その国民的影響を恐怖して、創立五年にもならない若木の日本共産党を、一九二八年三月一五日に、大弾圧をしました。「三・一五事件」として知られるものです。共産党員やその支持者一五六八人が一斉検挙され、起訴は四八八人に及んだといいます（岩波ブックレット『昭和・平成史』による）。

この事件を描いた小林多喜二の作品『一九二八年三月十五日』は、この非人間的な弾圧を告発し、これに屈せず、毅然としてたたかう戦闘的な人物像を描いたものです。今読んでも胸が熱くなります。

翌年の一九二九年四月一六日にも、「四・一六事件」と呼ばれる日本共産党への大弾圧がありました。侵略戦争拡大勢力にとっては、戦争に真っ向から反対する日本共産党は、根こそぎにしなければならない抵抗勢力と、認識されていたがゆえです。

私がこの本でも書きたいと思ったのは、このような暗黒ともいえる戦争の時代の中で、日本の自覚的教師たちの結集した労働組合――「教労」のたたかいと、この運動に青春をかけ、詩や短歌を愛した教師たちのことです。

私が、教育労働者の組合運動にかかわりはじめた頃（一九六〇年代）には、「教労」運動に参加した中心的な人たちがまだ健在で、そうした先達の声咳（せいがい）にも接することができました。しかし今では、ほとんど鬼籍の人となってしまいました。もっと真剣に、聞き書きなどをとっておくべきだった、と今は悔恨しきりです。時代に先駆した、こうした人たちへの追憶を込めながら、私はこの稿を、書き続けました。

一九三〇年代「教労運動」とその歌人たち　―長野県「二・四事件」のひびき―

〈目次〉

第二部

第一部

村山俊太郎 ――春を待つもの

(1) 百日草

「私は村山の死を見つめながら、静かな秋をむかえた」

「もう最後が来た。お湯に入りたいという。それも私はきいてやった」

「私は死を迎える俊太郎のそばで死の旅の着物を縫いつづける。涙も落とさずに縫いつづける自分があわれでかなしかった。いま幾日、この人のそばで生きられるだろう。限りある命であった」

「十二月九日〇時五十五分、彼は苦難な生涯を閉じた」(一九四八年のこと――引用者)

「まだまだ道は遠い。けれどもわたしたちは歩み続けなければならない。残された五人の子どもたちと、元気を出して歩かなければならない。
ひっそりとからだをよせあって、新しく隊伍をくんでわたしたちは出発する」

これは、村山ひで著『明けない夜はない——母として教師として四十年』の中の一部です。庭に咲いた百日草のような赤い血を吐きながら、村山俊太郎は読書し、妻のために本を読んでやっていました。力つきて読めなくなったその頁に、妻ひでは、さびしく最後のしおりをはさんだのでした。

低迷していた私を、社会的に、教育に、また人間として目ざめさせてくれた夫俊太郎の遺産は北方教育の魂であったし、これはまた、私の家庭教育の原型でもあった。

そして、妻ひでは、「百日草」という詩を夫にささげたのです。以下は七連からなる長詩の結びです。

わたしはあなたの遺骨をいだき
あなたの残した子どもたちをつれて

あなたの闘いのあとを
なおもすすんでゆく
あなたの光栄ある闘いの歴史を
わたしたちは輝かしい成功でかざるであろう

村山ひでは、「低迷した私を、社会的に、教育に、また人間として目ざめさせてくれた夫村山俊太郎」と回想していますが、まだ文学少女であった女教師荒木ひでの詩の批判をきっかけに、村山俊太郎との交友がはじまります。やがて俊太郎はほとんど毎日のように、長文の手紙を荒木ひでに送ったのでした。彼女の教育実践についての厳しい批判と激励などもありました。二人の友情は、急速に恋愛へと発展していきました。

この頃、村山俊太郎は、教職を奪われた状況の中におかれていました。一九三一（昭和六）年一一月に、山形県にはじめての教育労働者の組織「教労」が結成されたことを特高警察がかぎつけ、翌一九三二年三月、勤務していた山形市の東沢尋常小学校で、卒業写真をとるために整列を終えた教え子たちのその面前で、特高警察は村山俊太郎を逮捕していきました。のちに述べる長野県の「二・四事件」の一年前のことです。

六ヵ月後、二七歳の俊太郎は教職から追放されてしまいます。俊太郎は実家にこもって猛烈に勉強していた頃、詩の雑誌を通じ、荒木ひでとの交流がはじまったのです。俊太郎は一〇ヵ月後に『日刊山形新聞』の記者として職を得ますが、この間に、荒木ひでに送った手紙は、実に八三通。四〇〇字詰め原稿用紙で五二〇枚といわれていますが、これは驚くべきことです。

じっとして春を待つものは根だけでも、頑丈に張っておかないと、ひょっとした風にも倒れますよ。嵐にも抗されるように勉強してください。

(『村山俊太郎著作集』第一巻、四一九頁)

村山俊太郎が、荒木ひでに、このように思いを込めて書き送ったのは、一九三三年二月二三日でした。小林多喜二が虐殺された三日後のことです。そして二人が結婚したのは、多喜二の死から二ヵ月後でした。時代は反動の嵐の真っ只中でした。

若き日の村山俊太郎（1936年、31歳頃）。『村山俊太郎著作集』第二巻より

⑵　嵐の中で

村山俊太郎は、一九〇五（明治三八）年七月一五日に、福島県須賀川町（現、須賀川市）に、父乙松、母リンの長男として生まれました。日露戦争終結の講和条約調印（九月五日）の二ヵ月前でした。

俊太郎は七歳の頃から、父の故郷の山形県北村山郡山口村（現、天童市）で育ちました。一六歳で天童尋常高等小学校高等科三年を修了すると、母校の代用教員になります。代用教員は「准訓導心得」と呼ばれていたように、一般の教員となるには准訓導、さらに訓導（正教員）というような階段がありました。俊太郎はまっとうな教師になろうとして、准訓導や本科教員の資格を検定試験で次々と突破し、取得していきました。さらに教師としての道をきわめようと、師範学校に入学して本科（一年）、専攻科（二年）を卒業します。一九二八年、二三歳の四月から本格的な教師として、山形師範附属小学校の教壇に立つことになりました。

この時代は世界恐慌が起こり、東北農村は疲弊して各地で小作争議が頻発していました。

普通選挙法と抱き合わせにした治安維持法は、一九二五（大正一四）年四月に公布されていましたが、労働者、農民、知識人、学生などの諸分野での闘争も、さらに発展していきました。

一九二八年六月二九日、治安維持法改正案が国会にもかけず緊急勅令で公布、即日施行となります。この改正案は、国体変革を目的とする結社行為を、死刑・無期懲役刑とすることを主眼としたものでした。緊急勅令の事後承諾案が国会に提出されたのは、一九二九（昭和四）年一月でした。採決日の前日、この「死刑法」ともいうべき治安維持法事後承諾案を阻止するために、命をかけてたたかっていた、ただ一人の労農党代議士山本宣治は、大阪での全国農民組合大会に出席して、次のような挨拶をしています。

……明日は〝死刑法＝治安維持法〟が上程される。私は、その反対のために今夜東上する。反対演説もやるつもりだが、質問打切りのためやれなくなるだろう。実に、いまや階級的立場を守るものはただ一人だ。だが、私はさびしくはない。山宣ひとり孤塁を守る。しかし背後には多数の同志が……

（松尾洋著『治安維持法――弾圧と抵抗の歴史』新日本新書、一六〇頁）

山宣の大阪でのこの演説は、警官によって中止させられてしまいます。二月五日、国会で山宣が反対討論に立とうとしたとき、与党から討論打切りの動議が出されて山宣の発言はとうとう封じられてしまい、その後、山宣は神田の旅館で右翼テロによって暗殺されてしまいます。この年の九月には「満州事変」が勃発しました。

米の飯もろくに食へない子もゐる　君が代を歌はせてゐて　心が疲れてしまふ

（『著作集』第一巻、二一六頁）

この歌は、一九三一（昭和六）年、村山俊太郎二六歳の時の作品です。俊太郎が短歌創作のひとり歩きの初歩的段階から、前田夕暮の『詩歌』に入って定型短歌をつくっていた時代を経て、自由律の時代に入っていった頃です。俊太郎の教育実践の目線が社会的にひろがり、科学的にも鋭く見るようになっていく時期と重なっています。

この歌に流れるリズムは、日本の伝統的な短歌の調子とは異なり、一見して文語定型の五・七・五・七・七のリズムとはひどく離れています。しかし、何回もよく読んでいると、何となく短歌的韻律が感じられてきます。言ってみれば、古代の記紀歌謡（『古事記』『日本書紀』などの古代歌謡）がもつリズムを連想させます。自由律短歌の中のこの歌のリズムは、「遠い歌の響き」をもっていると言えるかもしれません。

ろくに物を食べることもできずに、空腹をかかえて学校に来る育ちざかりの子どもたち。この子どもたちを前にして、「君が代」を歌わせているのです。国の政治と教育の偽善、社会の貧困と矛盾などへの底ごもる嘆きが、村山俊太郎をとらえています。昼飯も食えないような子どもたちの歌う声が、明るかろうはずがありません。

　みぞれになった夕暮れ、差押えを食った百姓の子の歌をきいてゐる
　雪、雪、雪と喜んでゐる少女、昼飯も食へない自分を忘れてゐるのだ

日暮れの校舎の一隅で、少女は無心に歌を歌っています。雪が降り、少女は喜んでいますが、それは空腹を忘れるために必要なことだったのです。欠食児童は日ごとにふえ、東北地方では、生活苦から娘を売ったり、子どもを年季奉公に出す貧しい親たちが続出していました。NHKの傑作ドラマ「おしん」の少女時代も、まさにこうした時代背景の中にありました。

(3)『綴方生活』へ

村山俊太郎は、少年の頃から文学に強い関心をもっていました。代用教員になった一七歳頃——大正末期頃——から短歌や詩を書きはじめ、童謡についてはー八歳頃からとくに関心を強めました。一九歳の時の童謡作品に「私と花」があります。四連の短いものですので、次にあげてみます。

花は　花ゆえ　さみしいから
お窓で　私をよんでます

私は　ひとりで　さみしいから
お窓に　よって花をみる

風もないのに　一ひらの
花は　お窓に　ちりました

花と私は　この窓で
春は　ゆくよと　知りました

七・五調を基調としたこの童謡の感じは、どこか金子みすゞの童謡の世界と似ています。金子みすゞは村山俊太郎の二歳年上です。同時代に生きていた二人ですから、二人の似通った感じは、同時代性が生み出しているものと言えそうな気がします。

日本の童謡運動は、一九一八（大正七）年七月に、鈴木三重吉によって創刊された童話・童謡雑誌『赤い鳥』からはじまります。やがて野口雨情の『金の船』（一九一九年一一月創刊、のちに『金の星』と改題）や、西条八十の『童話』（一九二〇年四月創刊）の三大童話・童謡雑誌が力を競うようになりました。

金子みすゞのこれらの雑誌への投稿は、一九二三（大正一二）年頃からはじまります。また、村山俊太郎は、主として野口雨情の童話理論の影響を強く受けながら、『金の船』への投稿を積極的にはじめるのが一九二六年頃からです。もしかすると、大正末期の『金の船』に、金子みすゞと、村山俊太郎が名前を並べているということがあったかもしれません。

一九三〇年代に入ると、村山俊太郎は、より高度な師範教育などを経て、教師としての資格も固め、教育創造の本質に立ち向かっていくことになります。その重要なきっかけとなったのが、一九二九（昭和四）年一〇月に小砂丘忠義、上田庄三郎、野村芳兵衛、今井誉次郎らによって創刊された雑誌『綴方生活』でした。今までの観念的で、体制順応的な思考による綴方教育に対する強力なアンチ・テーゼとなった『綴方生活』は、子どもの生活経験や感じ方を大事にしながら、自主的で自立的な思考を育てることを目指す一つの教育運動へと発展し、子どもを愛する真の教育を創造したいと願う、正義感に満ちた若い教師たちの心をとらえていきました。

『綴方生活』創刊の二ヵ月後、一九二九年一二月に、この同人主催による「新興綴方講習会」が東京で開かれました。二三歳の村山俊太郎もこの集会に関心をもち、「綴方生活に〝自照文を〟」という研究レポートをもって参加し、清新で、大きな刺激と感動を受けました。それからさらに一年後の一九三〇年一二月、再び「新興綴方講習会」が開かれ、村山俊太郎はこれにも参加します。全国各地から集まった現場の教師たちが自分の実践を出し合い、時代とのかかわりなど真剣に論じ合いました。

この講習会があった年の八月には、合法的な新興教育研究所（略称「新教」）が設立され、現状変革を目指す教師や研究者、ジャーナリストたちも参加しました。九月には機関誌『新興教育』が創刊されると、多くの現場の教師や、師範学校の学生たちの間にも読者が急速にひろがっていきました。非合法の、いわば地下に強い根を張っていく「教労」運動と、合法的に地上で公然と翼をひろげていくような「新教」活動が一体となった教育運動は、良心的な教師たちの魂をゆり動かしつつ、全国に影響をひろげていきました。

小学校教育は、昔も今も日本教育の基盤です。石川啄木は、一九〇六（明治三九）年四月から一年間、渋民村小学校で月給たった八円の代用教員をしました。啄木の教育論は、代用教員をやめて北海道に渡る一ヵ月前に書いた「林中書」（盛岡中学校交会誌、明治四〇年三月一日）の中で、鋭く描かれています。啄木は、明治の「日本の教育は、人の住まぬ美しい建物である」と言い、さらに「日本の教育は、『教育』の木乃伊（みいら）である」と、その認識を強調しました。そして、「『教育』の足は小学校である。木乃伊への呼吸を吹き込むには、小学校の門からするのが一番だ」と力説していました。

明治の絶対主義的な天皇制のもとでの教育体制は、大正デモクラシーによって一時的に自由主義教育の動きを生み出したものの、十五年戦争の時代に入り、一方では「近代化」の装いをこらしながら、他方では神話と歴史を不動の地続きとして、「天皇神格化」を強力に進めていきました。教育現場は、啄木の時代とは比較にならない苛烈なものとなり、矛盾は尖鋭的なものとなっていきました。

「教労」「新教」運動の具体的な実践の一つでもある生活綴方運動は、啄木が言った「教育の足」であり、教育の土台である小学校教育において、子どもの自主的思考を育てながら、生活経験や感じ方（言葉の土台）を大事にするものでした。戦後的な言葉で言えば、子どもを主権者として育てていく方向を内在させた運動で、権力者の心胆を震え上がらせるものだったことは明らかです。教育現場での授業実践と密接なかかわりをもったものでありながら、それに対する弾圧は、教育法規の適用ではなく、そのすべてに治安維持法違反容疑のアミをかぶせてきたのです。

「教労」運動は、北海道から沖縄に至るまで全国にひろがりましたが、一九三三年を頂点に、相次ぐ弾圧で運動は後退を余儀なくされ、ついに壊滅していきました。「教労」運動や「新教」の活動を弾圧しつくした後の教育の原野に、右翼ファッシズムが新しく地ならししたのが、侵略戦争拡大に対応する国民教化を狙った「国体の本義」（文部省、一九三七年）でした。「国体の本義」は、「教育勅語」をさらに露骨なものにし、「軍人勅諭」とあわせたようにに大がかりな、修身、道徳教育の指南書でした。それは神格化した「天皇への絶対主義・民主主義・個人主義・自由主義を排撃」（岩波『広辞苑』）するものでした。

(4)『詩歌』の時代

村山俊太郎の短歌への関心は、一九二七(昭和二)年、二一歳の頃からです。「はじめは啄木に心酔」(真壁仁)したといいますが、村山俊太郎は、啄木についての文章は何も残していないので、詳しいことはわかりません。『村山俊太郎著作集』全三巻に収録されている短歌は、第一巻に集中していますが、編者は次の三段階に分けています。

(1) ひとり歩きの時代
(2)『詩歌』の時代
　(a) 定型短歌の時代
　(b) 自由律時代
(3) 教育労働者の短歌

著作集第一巻に含まれる作品数は四一二首ですが、これに第三巻の戦前末期の歌一二首、戦後の歌三四首、計四六首を加えると、著作集全体では四五八首ということになります。

著作集の『詩歌』の時代(一九二八年一月~一九三一年九月)以降の短歌と、著作集に含まれていない短歌について、岡野正氏が『村山俊太郎と短歌』(二〇一五年)の中で詳しく明らかにしています。岡野正氏が発掘した短歌は、次のような内容です。

『村山俊太郎著作集』（1967.8〜1968.4）

（A）『詩歌』一五一首
（B）合同歌集や記念誌等に収録されたもの一一二首（合同歌集等による既発表のものも含んでいる）
（C）著作集もれの三首

以上で、岡野正氏は二六六首の短歌を新たに発掘したことになります。これと著作集全体の作品を合わせると七二四首になります。

村山俊太郎における短歌の発展は、前田夕暮が創刊した雑誌『詩歌』と切り離すことはできないと思います。前田夕暮は、若山牧水とともに、自然主義派の歌人として、近代短歌史の中では並び立っています。

若山牧水は、明治末期の一九一〇年代に雑誌『創作』を創刊しますが、石川啄木は、「大逆事件」「韓国併合」後の、思想、表現の自由を奪われた、いわゆる「冬の時代」の中で、これに抗した短歌「九月の夜の不平」三四首を『創作』（明治四三年一〇月号）に発表しました。

つね日頃好みて言ひし革命の語をつゝしみて秋に入れりけり

地図の上朝鮮国にくろぐろと墨をぬりつゝ秋風を聴く

また「今日は五月一日なり、我等の日なり」の有名なフレーズを含む、長詩「はてしなき議論の後」を発表したのも『創作』(明治四三年七月号)が舞台でした。

前田夕暮の『詩歌』は、『創作』にややおくれての創刊でしたが、啄木は『詩歌』(明治四四年九月号)に、『悲しき玩具』の掉尾(とうび)を飾る、絶詠とも言うべき「猫を飼はば」一七首を発表しています。

解けがたき、
不知のあひだに身を処して、
ひとりかなしく今日も怒れり。

秋近し!
電燈の球のぬくもりの
触(さわ)れば指の皮膚に親しき。

こうして考えると、二人の自然主義派の歌人若山牧水も前田夕暮も、ともに時代に先駆した表現者、石川啄木を支えた深いかかわりを知ることができます。それは、村山俊太郎の短歌と前田夕暮の『詩歌』を考える上で、見逃せない、知られざるエピソードであったと考えることもできます。

ここでは、前述の『村山俊太郎著作集』の編者が整理した、(2)『誌歌』の時代の、(b)を中心に考えてみたいと思います。その理由は、この時期がプロレタリア短歌運動と『詩歌』が深くかかわる時代だと思えるからです。

『詩歌』への会員の投稿は二〇首以内とされていて、それを夕暮が選んで雑誌に掲載するものとしていました。雑誌の編集内容は、同人格の歌人以外の作品は「新人作品（その一）」と「新人作品（その二）」に分けられており、掲載作品は「その一」が一〇首以上、「その二」はそれ以下となっています。村山俊太郎の『詩歌』の時代は、四年間は「その二」でしたが、五年目の一九三二年一月号から「新人作品（その一）」欄となり、掲載歌数も一〇首前後となってきます。「新人作品（その一）」欄は、同人に次ぐ有力歌人群がひしめいて競いあっている場所でした。村山俊太郎は、五月号に次の有名な歌を含む八首を発表しています。

米の飯もろくに食へぬ子もゐる。君が代を歌はせてゐて心が疲れてしまふ

この歌はのちに若干修正され、『著作集』収録の歌となります。そして八月号には、

教壇の俺に刃物の様な瞳をむけるこの児童から真実なものを感じる

からはじまる一一首の力作が並びます。

(5) 矢代東村(やしろとうそん)と『詩歌』

『詩歌』の同人で代表的歌人に矢代東村がいます。『詩歌』の創刊にかかわりながら、治安維持法とたたかった革新的な弁護士です。私は矢代東村と村山俊太郎が、何となく糸でつながっていたような感じをもっています。村山俊太郎が、「新人作品(その二)」に登場してほぼ一年後の『詩歌』(一九三二年)三月号に、矢代東村の作品が上位にあり、村山俊太郎も「新人作品(その一)」に力作を出しています。矢代東村の次の作品は、近代短歌史の有名な

自由律作品として知られています。

廣い――
廣い――
小麦畠だ。コンバインだ。
快走するコンバインだ。
空は青いんだ。

そして、村山俊太郎の作品は、

灯、灯、灯。とてもさびしい。みぞれのふる村落を過ぎる
昇給停止。強制寄付のどん底から叫ぶもの、
やっぱり忠君と勤労主義か

などの歌を出しています。二人の作品には、ある近似性があるように私は感じています。
それは、前田夕暮が「自由律短歌は定型を破壊しても、飽くまで短歌と絶縁したものであっ

てはならず、何等かの意味で短歌的律を保持するもの」（前田透『評伝　前田夕暮』一二三二頁、桜風社、一九七九年五月二五日）といった、その「短歌的律」（私流に言えば「遠い歌の響き」）なるものにかかわる近似感です。矢代東村は、その韻律感に力を入れて対象をとらえ、村山俊太郎は、対象の真実を先だて、韻律をあとづけているように思います。言いかえれば、何をいかに歌うか、という土俵の上での、力の入れ具合の違い、といったようなものかもしれません。

矢代東村は一九三三年二月二〇日、小林多喜二が築地警察署で虐殺された時に、いち早く自由律短歌によって抗議しました。その六首の作品は、『詩歌』一九三三年五月号に発表されました。

「あっ、やられた。小林はやられた」と
夕刊を見た瞬間思わず
口に出していってしまふ

逮捕、急死。

急死。急死。急死。
ああ、それが何を意味するのかは
いふまでもない。

何よりも
屍体を見たらいい。
屍体を見た人にきくがいい。
下腹部から左右の膝頭へかけての
内出血。
赤黒い内出血は
その内出血は。

告別式の
参列者までの総検束。
その中には、ほんの一読者だった
花束を持って来た

女性さへ。

引用した三首目は、どう短歌の枠をひろげ、自由律を大幅に許容してみても短歌とは言えず、二首分の量をもちながら、二首に分けたらとてもまとまるものではなく、短詩のようにまとめることもあり得たでしょう。しかし、作者の心は、詩ではなく、歌の領域として歌いたかった――そんな思いが伝わる作品です。

この作品を、『詩歌』の「新人作品（その一）」で注目された村山俊太郎は、当然読んだにちがいないと思いますが、その気配はどこにもとどめられていません。

村山俊太郎は前年の三月二日に山形県教労事件で検挙され、二ヵ月間の留置ののち釈放されましたが、九月二六日、ついに懲戒免職となり教壇から追放されてしまいます。その中で、この年の七月号から春山眞琴の筆名で一二月まで『詩歌』への出詠は続きますが、その後四年間、『詩歌』との関係は中断します。矢代東村の小林多喜二虐殺への抗議の作品は、この中断の直後でした。私は、村山俊太郎が矢代東村の作品を読んだにちがいないと書きましたが、それは、多喜二が殺された二ヵ月後の一九三三年四月一五日、荒木ひでと村山俊太郎が結婚しているからです。山形県教労事件の弾圧、教職からの追放、そして多喜二虐殺を聞くことになる村山俊太郎は、この逆流の中で、ひるまずに進む決意の証として、結婚にふみ切ったのであろう、と私は推察しています。

矢代東村の作品が掲載された『詩歌』五月号が、村山俊太郎、荒木ひでの結婚式までに届いたか、その後だったのかはわかりません。しかし、二人の結婚に直近した時期に五月号は手に届いたことは十分想像できます。

治安当局にとって見逃しにはできないはずの矢代東村の作品が、『詩歌』五月号に発表されたことに、私は驚きを感じます。それは明治の末期に若山牧水が、石川啄木の時代批判の歌「九月の夜の不平」を、その主宰する雑誌『創作』に掲載したことを連想させるからです。

村山俊太郎が『詩歌』から離れていた四年間、とりわけ結婚をはさむ一九三二年八月から一九三三年五月までの激動する情勢の中での村山俊太郎の思想や心情については、『著作集』第一巻に所収された、「荒木ひでへの手紙」の中に詳細に示されています。

小林多喜二が殺された三日後（二月二三日）の手紙の中で次のように書いています。

満州熱河の事態はいっさい新聞報道さしとめです。盲目にした中で戦争が進められています。予定の行動である連盟問題もご承知のとおり、左に対する猛弾圧は長野県下の教員のあの検挙、惜しくも同志小林多喜二を奪った。偉大なる作家だった。彼の業績は理論活動に於ける蔵原惟人とともに日本プロレタリア文学運動の最高峰だ。
小林に関するあらゆる新聞その他の記事などをあつめること。（四一八頁〜四一九頁）

そして翌日（二月二四日）の手紙でも、「小林多喜二をみっしり見直すつもりで資料の整理をしました」と述べている村山俊太郎は、小林多喜二に対する並なみならない関心を示しています。すでに紹介してきましたが、二月二七日の荒木ひでへの手紙の一節も、明らかに、小林多喜二に寄せる決意の意思表示であったことは明らかです。

じっとして春を待つものは根だけでも、頑丈に張っておかないと、ひょっとした嵐にも倒れますよ。風にも抗されるように勉強してください。（同前、四一九頁）

村山俊太郎は、『詩歌』五月号の矢代東村の作品「あっ、やられた。小林はやられた」は、決して見逃すことはなかったであろうと、あらためて思うのです。

(6) プロレタリア短歌運動への関心

『詩歌』が一〇年ぶりに復刊したのは、一九二八年四月号（第九巻一号）からでした。村山俊太郎の『詩歌』への出詠も同時にはじまります。プロレタリア文学が発展しつつあった時期で、短歌の分野でも革新運動が盛り上がり、一九二八（昭和三）年九月に新興歌人連盟が結成されました。その主要なスローガンは、㈠革新運動の戦線統一、㈡宗匠主義の打破、㈢内容形式の矛盾の揚棄、などといったものでした。当時の語感覚でいえば、「新興」とは、階級的、プロレタリア的、といったものでした。結社をこえて、多くの歌人がこれに結集し、『詩歌』からも、矢代東村、柳田新太郎、楠田敏郎、飯田翠などの有力同人が参加したことは、「夕暮に衝撃を与えた」（前田透、前掲書、二二七頁）といいます。

しかし、新興歌人連盟は、「もう再起できなくなり、一二月解散を宣言した」（渡辺順三『烈風の中を』一〇六頁）とあるように、内部の思想的対立から一ヵ月余で分裂し、無産者歌人連盟が結成され、機関誌『短歌戦線』を一二月に創刊します。無産者歌人連盟は、やがてプロレタリア歌人同盟へと発展し（一九二九年七月）、相次ぐ発禁弾圧を受けた機関誌『短歌戦線』は、『短歌前衛』（一九二九年九月）へと引き継がれて、一時は三千部も発行したといわれています（前掲書、一一三頁）。

プロレタリア短歌は、その掲げた理念から、短歌の言葉としては口語、作品のリズムは自由律を中心とし、政治意識を強く表現しました。前田夕暮は、一九二九年一一月号の作品から形態上の自由律にふみ切ったと、前田透の『評伝　前田夕暮』は語ります（二一八頁）。したがって『詩歌』の自由律とプロレタリア短歌は、この時代「形態上」では共通項をもっていたといえます。前田夕暮にプロレタリア短歌運動が意識にのぼっていたことは当然といえます。

「実際、彼はこの時期の『詩歌』の運動を唯物弁証法やマルクスを援用しようと懸命であった」（前田透『評伝　前田夕暮』二三一頁）というのも、わかるような気がします。同書において、夕暮がプロレタリア短歌運動についての考えを次のように述べていることは、きわめて注目すべきことです。

夕暮は「吾等の行くべき道」（昭和四年一一月号）でプロレタリア短歌に言及し、「プロレタリア思想が将来世界観を統一する」可能性を指摘し、その場合に短歌が「日常闘争的な武器」として役立たせられることに疑問を提出しながら、プロレタリア短歌が旧い短歌観を打破するために有効であったと評価しているのは、当時の既成歌人としては甚だ先進的な見解であったと言えるだろう。（前田透、前掲書、二二九頁）

このことは、矢代東村や村山俊太郎の先鋭的な自由律作品を、『詩歌』において許容された不思議さを解くカギとなるでしょうし、また、村山俊太郎が長く『詩歌』によって作品を磨いた理由とも大きくかかわることだと思います。

プロレタリア短歌運動は、一九二九年七月にプロレタリア歌人同盟が結成され、機関誌『短歌前衛』が創刊されるに及んで、急速に発展し、三〇年、三一年に大きな山をつくり上げていきますが、相次ぐ弾圧によって一九三二年一月にプロレタリア歌人同盟は解体し、後退を余儀なくされていきます。しかし、この後退した地点から、小林多喜二が虐殺された二ヵ月後の一九三三年四月、弔い合戦のように立ち上がり、『短歌評論』が創刊されました。

村山俊太郎の作歌上の歩みは、こうしたプロレタリア短歌運動とは直接かかわりませんでしたが、その時代的影響は、前田夕暮を介在させて考えれば、より鮮やかにその作品の上に痕跡をうかがい知ることができます。

秋の日はしんしんとしてさして居り大傾斜地の青草の光
我が給料をあてに暮らせるわが母の面わこっそりみつめてゐる
しめっぽい夜の畳に並べられたわが給料を母とみてゐる

気まずい職員会議を終へてさむざむと日ぐれの風にふかれてかへる
生活のまづしさがこの俺をこんなにまで階級意識をめざめさせたか
新緑の大傾斜地の送電線が光ってゐて緑が烟る五月だ

（以上「『詩歌』における定型短歌の時代」の中より）

（以上「自由律時代」の中より）

ありったけの財産（しんしょう）を売って娘までうっぱらったこの生活から、尚搾ろうとするもの！
次々に起つ農民の請願にとまどひしてゐる奴らから求められるもの、餓死！

（以上「教育運動者としての短歌作品」の中より）

渡辺順三の「プロレタリア短歌史」を読みました。最も力強く、歴史的な舞台が二十年も前から開けておったのに、私なんか、何も知らずに、小田島の学校でねむっていたのね。新しく生まれるものは、こうも力強いものであるのね。涙ぐましい意志が嵐の中で育っていたのですね。

（『この魂ひとすじに――村山俊太郎・ひで　愛の手紙』上、新生出版、一九七五年八月二五日）

これは、一九三二年一一月二二日付の荒木ひでの手紙です。俊太郎は前年に「教労」山形支部を結成したため、翌年三月に検挙されて免職となったことについて前に述べましたが、この手紙の時期は、村山俊太郎と荒木ひでの友情が、恋愛へと発展し、結婚を誓うようになっていた頃です。

ひでの手紙に出てくる渡辺順三の『プロレタリア短歌史』とは、どのような著書や評論を指しているかは、はっきりしません。渡辺順三はこの頃、驚くほどあちこちの雑誌にプロレタリア短歌の歴史や理論についての文章を書いているので、特定しがたいのです。また、同時期に、改造社が月刊の短歌総合雑誌『短歌研究』を創刊（一九三二年一〇月）しており、その第二号に渡辺順三は「プロレタリア短歌発展史概観」という評論を書いているので、もしかすると、それを見た可能性も否定しがたいと思います。

しかし、荒木ひでの手紙のニュアンスから考えると、『プロレタリア短歌史』は、俊太郎が所蔵していた著書を、ひでに読むように勧めたようにも考えられます。

プロレタリア歌人同盟の結成によるプロレタリア短歌運動は、宗匠主義的・保守的な歌壇の各結社にも大きな影響をあたえ、若い尖鋭的、意識的な歌人たちが、数多く歌人同盟に結集してきました。村山俊太郎の属していた『詩歌』からも、南正胤、美木行雄など力ある歌人が加わっていますから、若い村山俊太郎もプロレタリア短歌運動に大きな関心をもち、渡辺順三の著書なども読んでいたであろうことは推察できます。こうした状況について、先行的な理解をもっていた俊太郎が所持していた『プロレタリア短歌史』を荒木ひでに読むように勧めた、という経過を仮定するならば、荒木ひでが手紙の中で驚き、やがて納得していく気配が、よくわかるような気がします。

この部分を書いてからしばらくのち、『著作集』第一巻の「荒木ひでへの手紙」を読み直しますと、俊太郎が一九三二年一一月一九日の長文の手紙の中で、「今度会うまで」として「五つ私からののぞみ」として提起した読書などの課題の最後に、「短歌研究の渡辺順三の論文をよむこと」と明示してありました。荒木ひでの手紙の引用は、この俊太郎からの提起したものへの読後感ということになります。とすれば、これはまぎれもなく渡辺順三が『短歌研究』（一九三二年）一二月号に発表した「プロレタリア短歌発達史概説」を指すものであることは明らかとなります。私が俊太郎の所蔵本では、と想像したのは間違いでした。

渡辺順三の「プロレタリア短歌発達史概説」は、順三の評論集『短歌の諸問題』（ナウカ社、一九三四年五月一三日）に収められています。幸いにこの本は所蔵していたので、内容を知ることができました。

「プロレタリア短歌発達史概説」は、次の項目から成り立っています。

一、プロレタリア短歌はどうして起こったか
二、先駆者、石川啄木
三、プロレタリア短歌運動の前期
四、プロレタリア歌人同盟
五、プロレタリア短歌はどうあるべきか

荒木ひでが「歴史的な舞台が二十年も前から開けておったのに」と言っているのは、明らかに「先駆者、石川啄木」からはじまる生活派の運動を念頭としたものでしょう。ともあれ、村山俊太郎の作歌活動にとってプロレタリア短歌運動は一刻(とき)も目を離せない動きと、とらえられていたように思います。それはひろい意味で、一九三〇年代初頭のプロレタリア文化運動の中に、自身を丸ごと投げ込むような現状意識だったのだと思います。

次に紹介する、村山俊太郎が荒木ひでに送った手紙の一節には、渡辺順三の『史的唯物論より観たる近代短歌史』（改造社、一九三三年）を呼び起こしてくるような気配をもっています。

自然現象、社会現象を唯物弁証法的発展に於いて認識することこそ、われわれの根本態

度なのだ。政治も経済も文化も、そして歴史も発展において認識する。

（『著作集』第一巻、二九三頁）

(7) 明けない夜はない

村山俊太郎の、短歌作品についての大まかな紹介は、すでにしてきました。「教労」山形の結成、そして、それを理由とした特高警察による弾圧と検挙、教職からの追放は、村山俊太郎の短歌を大きく変貌させていく契機となりました。それまでの、短歌と生活現象との間にあった無関係にも似た位置関係が、その距離を縮め、離れがたいものとして結びついていきました。それは、明治の石川啄木が叫んだ、生活と詩の一元化、「食ふべき詩」の方向に重なっている、といえるものです。それと同時に、次のような作品を見ると、当時のプロレタリア短歌運動の影響を抜きがたくもっていることがわかります。

ゾクゾク、腹底にしみるさむさ、濡れ疲れた心をいたわって藁屋の夜はあまりに淋しいありったけの賎産（しんしょう）を売って娘まで売っ払ったこの生活から、尚搾らうとするもの！

次々に起つ農民の請願にとまどひしている奴らから求められるもの、餓死！

（『教育国語教育』一九三二年一一月号）

これらは、『村山俊太郎著作集』の編集者が「教育労働者としての短歌作品」と位置づけている中のものです。

ところで、俊太郎が短歌の専門雑誌『詩歌』を離れて、新しい発表の場として、主戦場ともいうべき教育分野の雑誌へと視野をひろげていったことは注目すべきことです。その作品の基調である文芸上の思想が、浪漫的な観念の世界から、現実主義的な、端的に言えば荒ぶる詩型へ、リアリズムの方向へと変化していることを、私は、石川啄木と対比して興味深く思います。

啄木は、一九〇九（明治四二）年の秋、妻節子の家出事件を一つの転換点として、「弱き心の所産」としての『明星』的浪漫主義と訣別し、リアリズムの方向を強めていきます。それまで短歌・評論の発表舞台であった『明星』、その後継誌である『スバル』と手を切って、その後の作品発表の舞台は、『東京朝日新聞』や『東京毎日新聞』などの新聞紙上となっていきます。

村山俊太郎にも、ロマンチシズムに対する態度の問題で、啄木と似通ったところがあります。それは、荒木ひでが『山形詩人』創刊号に投稿した二つの詩「あしの葉」と「春のゆき」に対して、俊太郎が「荒木ひで子の場合」と題した書簡形式の批評（一九三二年八月）によくあらわれています。二人を結ぶ最初の文章でした。

きみの場合、完成したロマンチックな詩をみる。「あしの葉」に「春のゆき」に。貫く香気はもう熟しきった果物の匂いだ。

ロマンチシズムの道は、自然主義的リアリズムへ、そしてさらに高いリアリズムへ――歴史が示している道。

ローマン的抒情詩を否定するものではない。肯定するのだ。肯定するがゆえにその揚棄が可能なのだ。（『著作集』第一巻、二五九頁～二六〇頁）

リアリズムへの指向が、作品発表の舞台を抱えていくところまで、俊太郎は、啄木の後を追うように似ているのです。思想とは、こうして発展し、飛躍していくものか、とつくづく思い知らされます。

村山俊太郎は、一九四〇（昭和一五）年二月六日早朝、勤務先の山形市第八小学校の宿直室にてふたたび検挙されました。学校は休職となり、俊太郎は警察署をたらいまわしにされた挙げ句、翌年、未決取り調べ中であるにもかかわらず、山形刑務所に投獄されました。その年の一二月末に病気のため保釈出獄したものの、一九四二年に治安維持法違反で五年の実刑判決を受け、秋田刑務所への入獄が決定しました。しかし、病気のため入獄が延期されながら、厳しい特高警察の監視下におかれつつ、療養生活を送ったのでした。

一九四五年八月一五日、四〇歳の村山俊太郎は、日本の敗戦を山形県北村山郡山日村川原子で迎えました。翌年四月、俊太郎は待望の小学校の教壇に復帰します。さらに教員組合が組織されると、俊太郎はその先頭に立ち、とりわけ一九四七年の二・一ストでは、不眠不休でがんばりました。こうした無理も原因して、村山俊太郎は、一九四八年一二月九日、四三歳の働き盛りでその生涯を閉じたのでした。

〈あなたは子どもたちの放射するものを受けとめているか〉

なかなかいい言葉です。村山俊太郎が妻ひでに送った言葉です。村山ひでは、学校でも家庭でも、大切にしてきた言葉です。

俊太郎は優しい夫であった。だが、こと教育となると批判はきびしく、鋭く、妻であるわたしは、ほんとうにわたしを愛してくれているのだろうかと疑うほどだった。

村山ひでの著書

村山は、子どもと教育の前に立ったときは、妻であろうが誰であろうが、子どもたちに責任を果たそうとだけした（『明けない夜はない』六九頁）。

村山ひでは夫の意志を継いで、子どもこそほんとうのものを放射しており、その放射するものを感じながら、子どもの本音を聞く教師になることに全力をあげていきました。その後、村山ひでは占領軍司令部の命令でレッド・パージされ、教壇を追われてしまいますが、行商をしながら生活を守り、子どもたちを育て、平和と民主主義を守りつつ「明けない夜はない」ことを信じて、戦後をたたかい抜き、生き抜きました。その戦後の姿は、著書『明けない夜はない』『愛とたたかいの詩』『母として　教師として　生活者として』などに感銘深く、刻明に記されております。

村山俊太郎のすぐれた教師としての業績を思い、また、文学を愛し、歌人としても消し得ない足跡を残したことを思うとき、傍らにあって、夫とともにたたかい続けた妻ひでの秀でた姿も決して忘れてはならないのだと思います。

第二部

今村治郎――「修身」教育への抵抗

(1)柔らかな心からの出発

検挙知らさむ山路越えつつ少女子(おとめご)のかなしき書(ふみ)も読みて焼き捨つ
己(おのれら)等の事件大きく載りたるをけふも読みつつ勤めを終へる
検挙されし友の母をば訪ひ来れどわれには慰さむる言葉はなきも
検挙されし吾と知らなく教室に待ちつつあらむ稚き児等は

これは、長野県の「教労」運動の中心的なリーダーの一人であった、今村治郎の歌集『獄底に歌ふ』(一二三首所収)の冒頭「検挙――昭和八年二月十五日」と表題された一七首の中からのものです。

長野県の「教労」運動は、当時、全国的にもその先頭に位置するような組織力と教育の実践力をもっていました。治安維持法違反容疑で「教労」長野支部に大弾圧が加えられたのは、一九三三（昭和八）年二月四日でした。小林多喜二が殺される二〇日前のことです。

取り調べを受けた教員は六〇〇余人、検挙された者一三八人、起訴者二八人、裁判で有罪・服役したもの一三人行政処分を受けた者一一五人というように、この教育史上未曾有のできごとは県当局はもとより全国的に大きな衝撃を与えた。

（『現代教育学事典』労働旬報社、一九八八年一〇月二五日）

治安当局は「教員赤化事件」とか「左翼教員事件」などと煽り立て、長野県議会でもこの事件で秘密会を開くなどして、議論が沸騰しました。現在では、一般にこの事件を「二・四事件」と呼んでいます。「教労」の全国的な組織運動は、長野県の「二・四事件」を頂点として、以降、実質的に終息させられていくことになります。

今村治郎は「二・四事件」当時、長野県南部の下伊那郡の三穂小学校に勤めており、「教労」下伊那地区の責任者でした。今村治郎の逮捕は、二月四日の第一次検挙から一〇日後のことです。

掲出歌の第一首目は、仲間の教師の情勢急進を告げる手紙を託された、その教え子の女の子がしっかりもち、峠をこえて作者のもとに届けに来たのでした。迫ってくる検挙を覚悟し、証拠を残さないために、その手紙も焼き捨てたのです。これは私の想像ですが、今村治郎に事態の急を知らせたのは、前任校の下伊那郡三郷小学校の矢野口波子で、検挙されたのはやはり同じ職場の福澤準一（二月四日）ではないかと思っています。今村治郎は二月一四日、矢野口波子は二月二一日に検挙されています。矢野口波子は、のちに今村治郎の妻となる今村波子です。

四首目、哀切をきわめます。主情的に流れず「アララギ」のよさがよくでた歌です。歌の背後に、先生を待つ幼い子ども、教室に飛んでいきたい思いを耐えている作者。何も言わなくとも先生と生徒の結びつきを、ほうふつとさせます。

今村治郎について、岡野正編『一九三〇年代教員運動関係者名簿（改訂版）』（一九九六年六月）に掲載されている部分を要約、引用をさせてもらいます。

一九〇七（明治四〇）年二月一日、下伊那郡川路村に藤二郎・やすの次男として生。

二四年私立准教員養成所卒。四月下伊那郡豊村和合小、二五年千代小、二七年上郷小。同僚の福澤準一・奥田美穂(よしほ)と『韻籤(いんせん)』発行、二八年一〇月筆名丘草二で詩集『蒼ざめた疑問詩』を自費出版。『アララギ』に投稿。三一年秋蚕休みに福澤・宮島一信と上京し新興教育研究所をさがすが見つけられず、一二月中央のオルグに福澤・宮島と会う。三二年二月教労長野支部結成に参加、下伊那地区責任者。四月三穂小、九月下伊那地区の研究会で「無産児童教程」作成の提案を確認。一〇月長野支部地区代表会議で「無産者児童教程」作成を決定、下伊那地区は修身科を担当。集団で検討し福澤と「修身科・無産者児童教程」草案を執筆。三三年二月一五日検挙、四月一〇日まで飯田署に留置。一九日治安維持法違反で起訴、三四年四月一四日―一五日公判。六月東京・市ヶ谷刑務所へ護送、七月小菅刑務所へ。一〇月九日控訴審で実刑判決懲役二年、一九日下獄。一九八九年八月二日死去。

長野県における教育運動は、文学的・芸術的とでもいうような空気を、濃厚に吸い込んでいたものでした。とりわけ大正デモクラシーの奔流を浴びて自由主義教育がかたちづくられていきました。その具体的な流れは、「白樺の文芸思潮、新カント派の理想主義哲学、キリスト教の求道精神、アララギ派の短歌運動などがあった」(二・四事件刊行委員会編『抵抗の歴

史――戦時下長野県における教育労働者の闘い』二六頁、労働旬報社、一九六九年一〇月一〇日）ことによって特徴づけられています。こうした自由主義的な個人主義・人格主義に対して、文部省や県当局はしばしば攻撃を加えてきていました。

「二・四事件」に先行して、大正中期から末期にかけて長野県では二つの注目すべき教育事件が起こりました。一つは「戸倉事件」（一九一九年＝大正八年）で、もう一つは「川井訓導事件」（一九二四年＝大正一三年）と呼ばれるものです。

前者は、赤羽王郎など信州白樺派の教師たちの集団が、戸倉小学校（現、千曲市）において行った白樺自由主義教育が、弾圧された事件です。後者は、松本女子師範付属小学校の川井清一郎訓導（現在の教諭）が、小学四年生の修身の時間に、副教材として森鷗外の『護持院ヶ原の敵討』を使用したことが、国定教科書不使用として問題となった事件です。赤羽王郎の場合は免職となり、川井清一郎の場合も、最終的には退職に追い込まれました。

こうした、事件のもつ文学・芸術的な雰囲気は、後進の教師たちにも影響をあたえました。今村治郎もすでに二〇歳代のはじめに、詩集を自費出版するなどしており、二〇歳代後半には、同じ職場の福澤準一、奥田美穂などと『アララギ』に入会して作歌に励むようになっていきました。戦後に生きのびた今村治郎が出版した『雑草の詩—わが若き日は暗い谷間の時代に生きて—』に、詩と短歌がまとめて収められています。

丘草二のペンネームで、一九二八年一〇月（今村治郎、二二歳）に自費出版した詩集『蒼ざめた疑問詞』の中に、六連の長詩「人間哀史」があります。その最後の一〇行を引用してみます。

こんな夢を見てはいけないだろうか
例えば
白樺の林の中の朽葉の下にころがってゐる
私の墓碑
苔の一ぱい生えた小さなたくあん石
に刻まれてある愛人の筆になる
　　　　墓碑銘
——ここに無名の天才詩人眠る
彼の天才を知るものは

蒼穹と草雲雀　しかして彼の愛人

石川啄木の「墓碑銘」の詩を思い出させます。啄木詩「墓碑銘」の最後の二行は、

われら同志の撰びたる墓碑銘は左の如し
われらには何時にても起つことを得る準備あり。

でした。青年今村治郎は、啄木研究も十分発展していなかった時代に、啄木の浪漫主義や空想癖を受けとりながら、啄木詩「墓碑銘」の方向に、詩のベクトルを向けているような気がします。

(2) 病床歌人金田千鶴(かなだちず)とのめぐりあい

「教労」事件にかかわった若い教師たちの中には、『アララギ』の会員で歌をつくり、雑誌にも発表している者が多くいました。島木赤彦は、一九二六（大正一五）年三月に亡くなっ

ていますが、小学校長や郡視学などを勤めたことから、その影響は、少なからずあったと思われます。

長野県では、『アララギ』の島木赤彦と、長野師範同期の太田水穂が『潮音』を創刊しており、教員の中には『潮音』の会員もいましたが、『アララギ』のほうが優勢でした。『潮音』で太田水穂が主唱した観念性の強い「日本的象徴主義」より、『アララギ』の「写生主義」のほうが現実的、生活的で、昭和恐慌下の青年教師たちには、身近な作歌理念、作歌方法としてとらえられたのではないかと思われます。

『アララギ』の会員たちは、支部をつくり県下各地で盛んに歌会などをしていましたから、こうした『アララギ』歌会を通じて、今村治郎や福澤準一などは、先輩歌人でもあり、すでに注目されていた金田千鶴を知るようになります。金田千鶴は教師ではありませんでしたが、短歌を通じて若い教師たちを知るようになったのです。前述の岡野正氏の『名簿』には、福澤準一の項に次のような記述があります。福澤は、検定試験をいくつもこえて、一九三〇年四月に訓導（戦前の正規教員の称。現、教諭）になりました。

六月（一九三〇年――引用者）今村治郎と歌人金田千鶴を見舞い、帰路今村と社会問題で激論、三一年今村、宮島一信と新興教育研究所を訪ねるが果さず、一二月中央オルグと会

金田千鶴（『金田千鶴全集』より）

う、三二年二月今村・宮島と教労・新教に加入（後略）

宮島一信は、過労のため、その年の一一月に発病、二ヵ月後の翌三三年一月六日に亡くなりました。

金田千鶴について述べておきたいと思います。金田千鶴は、一九〇二（明治三五）年の生まれですから、今村治郎より五歳年長です。金田千鶴は下伊那郡泰阜（やすおか）村の富農の家に生まれました。県立飯田女学校を卒業、飯田市の大雄寺という大きな寺に嫁入ったものの半年余で離婚。その後上京して帝国女子専門学校に入学しましたが、肺を病み、一九二四（大正一三）年七月に中途退学します。以後、療養しながら作歌に打ち込みましたが、一九三四（昭和九）年八月一七日、数え年三三歳の若さで病没します。

その時、今村治郎は獄中にいました。友人たちからの連絡で、金田千鶴の死を知らされ、「理解ある慈愛深い長姉」とし、「彼女自身は不治の病に苦闘しながら傷心の私にやさしくいたわり励ましの言葉を寄せてくれた」と、万感の思いを込めて回想しています（『古ぼけた竹行李の中の手紙―薄幸の歌人、金田千鶴と私―』より）。

獄中での今村治郎が、金田千鶴を追悼した歌五首をあげます。

汗垂りて夕飯食しつつ獄房に君の危篤の知らせも読みぬ
群肝（むらぎも）ゆもはら憑（たの）みし君が死を獄底にきくより悲しくはなし
病む床ゆ獄屋（ひとや）の吾に賜ひたる君がみ書（ふみ）は暗記し居れども
宵々に睡り足らはず汗垂りて君が死も葬りも知らず過ぎつつ
獄底にわが在り経れば幾人の親しき人の死にゆくをきく

『金田千鶴全集』（池田新一・佐々木茂編、飯田下伊那郡歌人連盟、一九九七年一一月）には、金田千鶴の今村治郎宛書簡四通、福澤準一宛が三通収められています。

前述した今村治郎と福澤準一の二人が、一九三一（昭和六）年六月に、「金田千鶴を見舞い帰路今村と（福澤が――引用者）社会問題で激論」したことについて、その時期と思われる昭和五年六月四日付の次のような福澤宛書簡一通があります。

先日はおいで下さいましてありがとうございました。何のお構いもいたさず失礼いたしました。

昨夕お手紙いただきありがたく拝見いたしました。おもひも寄らずお目にかかれて大へんうれしく存じました。それでもあまり不用意のこと許り申上げたやうで後で責められおはづかしく存じました。

とあるところから、二人の初対面は、一九三〇（昭和五）年六月とわかります。今村治郎宛の書簡の一通目は昭和六年六月三日（『金田千鶴全集』では、〝昭和八年〟となっており、誤植であろう。『全集』掲載時、今村は「二・四事件」で拘留中）であり、他の二通は獄中時のものです。

金田千鶴をはじめて訪れた日のことを伝える資料としては、戦後の一九七六年に今村治郎が書いた、前述の「古ぼけた竹行李の中の手紙─薄幸の歌人、金田千鶴と私─」というやや長い回想の中で語られています。それによると、「私が金田千鶴に初めて逢ったのは昭和五年の六月で、最後に逢ったのは昭和八年の一月八日」（これは、「二・四事件」が起こる一ヵ月前）といいます。

草深い山村の南側の離れで長い間不治の病とたたかいながら短歌の道に精進している彼女にはじめて接したわれわれは深い感銘を受けたのである。

私たち三人の話は、短歌の話からやがて刻下の社会情勢に対する見方とそれに否応なしに対応せねばならない自己の立場、それを如何に作歌の上に反映すべきかなどに話の重点が移った。私たちは彼女の病勢を気にしながら長時間語り合った。

二人が再会を期して金田家を出ると、少し病状がよかった金田千鶴は、散歩がてら二人を見送るため、しばらく山道をともに歩きました。今村治郎と福澤準一は、金田千鶴と三人の語り合いの興奮の余韻から、激しい議論を道々することになったのです。福澤準一が、戦後出した歌集『帰雁（きがん）』は、後半に戦前作品が収められており、昭和六年作としていますが、次の二首があります。これは、明らかに金田千鶴を見舞った日のものです。

型の古きパラソルかざし先に立つ君は年ながく病み給ひたり

汗流れ山に向き行くわが前を道しるべといふ虫はうるさし

一首目の「君」は金田千鶴、二首目の「道しるべといふ虫」は、今村治郎の喩であることは明らかです。

⑶金田千鶴と「二・四事件」

「二・四事件」が、県下を騒然とさせていた真っ只中で、金田千鶴はこの事件をどう受け止めていたのでしょうか。そのことは、金田千鶴の晩年から死に至るまで、もっとも信頼し、秘書のように頼って後事を託した、諏訪郡富士見小学校の教師吉井もり宛の長文の書簡（一九三三年二月二二日）によく示されています。のちに吉井もりは、上伊那郡中箕輪小学校にいた立澤千尋と結婚しますが、立澤千尋は今村治郎より四日おくれて、二月一九日に検挙されました。二人の間に生まれた五人の子どもの真ん中の女の子が、新日本歌人協会の会員田中なつみ氏です。このあたりのことについては、小泉修一氏が『新日本歌人』（二〇一七年一一月号）に書いた評論「うたの絆　立澤もり歌集『竹煮草』について」で懇切に書いているので、ここでは立ち入らないことにします。以下、金田千鶴の書簡の一部を掲げます。

御手紙拝見いたしました。ありがとうございました。比頃又寒さがきびしく身に沁みます。

こんなに寒くては留置場の中はさぞ凌ぎがたいことだろうと独りで偲んでゐます。諏訪の方は大騒ぎの様子、下伊那では今の処先生達では四人とのこと、福澤さんが挙げられて直きに今村治郎さんが拘引されました。今村さんの身辺を案じて手紙を書きかけたのがその記事でやめたまま何も見舞いしませぬ。今村さんにはこのお正月逢ってゐます。『福澤君も来るとよかったが今日諏訪へ行ったから』[1]と言ってゐました。今迄はいつも二人揃って来て呉れましたので、その時はとりとめない話をして帰られました。思想的な話もいくらかでましたが私の心持ちが可なり反動（宗教的ということか――引用者[2]）に傾いてゐるので、『頼むに足らず』と思ったのでせう。何も言えませんでした。福澤さんも昨年以来手紙を呉れなくなって、運動にそれほど深入りしてゐることは実は意外でした。四年ほど前初めて二人で訪ねて下さった折には、福澤さんなぞ全然そんな方面に反感すら持ってゐて、認識不足だと言った私の言葉を二人で道々言い諍ひ乍ら帰ったと手紙で言われた程でした。

それからずっとたって私が『つばさ』[3]へ小学校の先生たちの悪口を一寸かいて（夏蚕時[4]）、それを『全く小学校の教員は意気地がありませんね……』と福澤さんが言って三人で笑ったこともあって、私には感慨ふかいのです。

みな実に教師として人間として立派な人たちです。（傍線は引用者）

長い引用になりましたが、これでも全文の三分の一ぐらいです。この引用部分と、すでに述べた今村治郎の「薄幸の歌人、金田千鶴と私」の回想とを合わせ読むと、「金田千鶴を見舞い帰路今村と社会問題で激論」した福澤準一が、急激に「教労」運動に参加していく思想的な推移のようなものが、実にリアルに、生きいきとして思い描くことができます。金田千鶴は、福澤準一の検挙が新聞で報じられた日に「下伊那のアララギの中で最もよき友であった福澤準一氏」と書いたハガキを吉井もり宛に出しています（二月一五日付）。そればかりでなく、金田千鶴が今村治郎や福澤準一への深い信頼とともに、「教労」運動にかかわる教師たちを、「みな実に教師として人間として立派な人達です」として、親愛の情を寄せているのです。

保守的な風土の中で、また裕福な経済環境（それは金田千鶴の思想発展にとって悩みともなったものですが――）に生まれながらも、金田千鶴は「教労」運動にもっとも接近した位置にあって、強い支持と共感を寄せていたことは、きわめて注目すべきことであったと言わなければなりません。

金田千鶴は、長野県南部の僻地に生まれ、大正末期に中等教育を終えただけでなく、中途退学したとはいえ、二年余、女子の高等教育機関（帝国女子専門学校。現、相模女子大学）に在籍していたわけですから、当時としては稀なることでした。正規の中等教育を受けず、苦労して教師となった今村治郎や福澤準一にとって、金田千鶴は眩しい知識人であり、また『アララギ』でも注目されている先輩歌人として、おそらく畏敬と憧憬の人であったことは疑う余地がありません。教師ではなかったにしても、金田千鶴は「教労運動」に強い、精神的な支援を送った運動の協力者であったと言ってもよいでしょう。

吉井もりも、この手紙の文意からおして、また「アララギ」歌会などを通して、今村治郎や福澤準一を知っており、金田千鶴のこの立ち位置に、しっかり寄り添っていたであろうことは、間違いありません。

注

1　この日福澤準一は、昭和八年一月八日、松本市某そば店での「教労」の第一一回支部地区代（表者）会議」に下伊那地区の代表者として出席していることは、『抵抗の歴史』所収の「警察部調」（七七頁～七八頁）で知ることができます。この「支部地区代会議」には、第一回から第五回まで今村治郎が出席しており、第六回からは福澤準一に代わっています。「支部地区代会議」は、福澤が出席した第一一回が最後です。次回は二月一二日と決めていましたが、その直前に「二・四事件」

の弾圧がはじまり、開催されなかったのは当然です。

2　この頃、金田千鶴は精神的な救いを宗教に求めはじめており、「『生命の実相』『生長の家』などを読み、より深く信仰に志を向け」ていた（『全集』年譜、一五頁）。

(4)「二・四事件」の伴走者

前述の金田千鶴の吉井もり宛書簡の中で、注記3、4とした傍線部分について若干述べておきます。

金田千鶴は、数え二一歳の時、東京小石川にあった帝国女子専門学校に入学したことは、前に述べましたが、その学校に「アララギ」派の歌人、岡麓（おかふもと）が講師でおり、金田千鶴は短歌についても教えを受け、やがて「アララギ」にも入会（一九二六年六月）します。

岡麓は、正岡子規の直（じき）弟子で、伊藤左千夫や長塚節、島木赤彦、斎藤茂吉などの先輩格です。岡麓を師と仰ぐ同門の人たちによる文芸雑誌が傍線3の『つばさ』なのです。余談になりますが、太平洋戦争末期、岡麓は長野県安曇郡池田町に疎開していました。また、島木赤彦も池田小学校の教員をしていたことがあります。幕末の桂園派の歌人香川景樹の第一の門人内山真弓はこの池田町の生まれです。

前述の傍線4の「夏蚕時」は、一九三一年の『つばさ』四月号に発表された、金田千鶴三〇歳の時のはじめての小説です。これまで、たびたびふれてきた今村治郎と福澤準一が、金田千鶴を見舞う二ヵ月前になります。七五枚のこの中篇小説は、一九二九年に起こった世界大恐慌の波が、昭和恐慌となって伊那谷を襲ってきた中で書かれました。「伊那谷の主産業である養蚕は大きな打撃を受け、一貫目十円前後した繭（まゆ）が、一挙に三円二十三銭に暴落」（今村治郎、前掲書）という状況でした。

もう一つ背景としてあったものは、最盛期のプロレタリア文学や、プロレタリア短歌運動でした。

マルクス主義講座二冊と社会問題講義というものを一冊借りてすこし読んでゐる。
（「文学ノートI」一九二八年一〇月一三日、『全集』一三二頁）

『短歌戦線』といふ雑誌を今日取りよせた。（「文学ノート」同年一二月一七日）

『短歌戦線』を自家薬籠中のものとしたい気持……無条件でアララギを信じてゐた時代

が恋しい。（同前）

濃厚なブルジョア意識に育って来た私自身にとっては、非常なことと言わなければならぬ。（同前）

『短歌戦線』とは、この年（一九二八年）一一月一九日に創刊された無産者歌人同盟の機関誌で、金田千鶴は創刊直後に発行所宛に注文したものと見えます。発行所の短歌戦線社は、池袋にあった渡辺順三が経営した光文社という小さな印刷所におかれていました。『短歌戦線』の創刊号には、次のような四つの評論が掲載されています。

（1）「プロレタリア歌学はありうるか？」（伊澤信平）
（2）「プロレタリア表現様式への過程」（会田毅）
（3）「短歌戦線の展望」（浦野敬）
（4）「歌壇検討」（坪野哲久）

金田千鶴がどの評論を読み、どのような印象をもったかは、どこにも記されていませんが、「自家薬籠中のものとしたい」と書いているところを見ると、すべてに目を通している感じもします。

しかしのちに、「文学ノート」の中で、小林多喜二の『不在地主』を読んで「益々『夏蚕時』が嫌になった」と書いているところを見ると、長塚節の『土』にはない、「階級観念を取り入れようとした」(「文学ノートⅡ」一九三一年一月二三日、『全集』二七六頁) 執筆意図が、成功しなかったことをうかがわせます。

小説『夏蚕時』は、南信濃の一山村岡田村の中の森田部落が舞台です。岡田村の部落はいずれも谷間、谷間にかたちづくられており、森田部落もその一つで、高い山の上の盆地にあります。この中編小説には主人公がいないのが特徴の一つです。作者は、設定した主人公が活躍するといった、ありきたりの小説ではなく、集団を描きました。それは前述の「階級観念を取り入れようとした」という言葉からもわかります。そうした意図は読み取れるものの、作品は十分なものとなっていません。全体として見ると、森田部落の草分けの大屋である森田屋の没落の過程に、多くの筆がさかれています。

森田屋当代の主である志津の心情がかなり描かれていますが、小説の構成が不十分なため、作者の意図が十分に達せられたものとならなかったことが惜しまれます。しかし、作者金田千鶴の視点の熱さは、『夏蚕時』のほうぼうに発見できるものであり、それは全体としてプロレタリア文学のひろい一翼としての位置を占め得たはずなのに、そうならなかったことは、残念なことです。

横浜の倉庫に二十万梱のアメリカ行絹糸が欠伸をしてゐようと、飼えば飼ふ程益々自縄自縛の結果に落入ろうと……今ここで蚕を止める訳には行かない。(『全集』一五〇頁)

『夏蚕時』のこの一節は、もう蟻地獄です。この矛盾は、森田屋のように没落した家の山林や田地を買い占めて、新興の土地持ちとなる地主や商家。反対に、「一人病人が出来、一度蚕に失敗すればもう直ぐ借金になる」(前掲書、一五四頁)というように、貧困化する部落の人びとの種々相が、この小説には登場します。恐慌の中で、いっそう牙をむき出しにしてきた資本主義――貧困と格差の不可避的な拡大という、非人間的な状況が映し出されています。

没落した森田屋の当主志津が、夏蚕の桑つみに出た畑で、自分の家の桑畑と金持ちの隣家(といっても谷をはさんだ向こうにある)の畑とを見比べて嘆くところは、印象深いものです。

志津は今日畑へ草刈りに出て今更桑の貧弱さに吃驚した。もう幾年も肥料を入れず……株が弱り切ってまるで火箸のやうな細い枝が申訳許りに伸びてゐる。栄養不良の葉はすっかり縮んで汚点ができ、下枝の方の葉はもう黄色に枯れかかってさはると散りそうだった。

（同前、一六五頁）

隣家で植えた改良の大葉が……葉を茂らせてゐる。志津はその膏切ったつやつやしい芽桑を見ると、わけもなくむっとした。まるで自分自身の食欲のように、こんな滋養のある軟らかい葉を思ふ存分寝起きの蚕に食べさせてやりたいといふ気持が切なく湧いた。（同前、一七九頁～一八〇頁）

時が経つにつれて、金田千鶴の中に『夏蚕時』に対する厳しい自己検討が芽生え、それは、時に自己嫌悪的なものとなったりします。金田千鶴は、この作品への愛着が断ち切れず、もう一度書き直そうと決心しますが、生前、ついに果たすことができませんでした。

金田千鶴のこの作品に対する心の揺れは、実は執筆後の短い期間に小説への見方や考え方、時代の認識などが、鋭い進行を見せていったところから起こっているのではないか、というのが、目下の私の仮説です。

やや長く、金田千鶴にかかわって書いてきました。それは、私の中に今村治郎や福澤準一、さらには同じ職場の仲間であった奥田美穂などが、金田千鶴から受けた思想的、文学的な影響度を見つめたいという思いからです。

長野県「二・四事件」とからみ、また、この地域における「教労」運動にとって、金田千鶴は、その伴走者として忘れてはならない人だったと思います。

(5)「修身科・無産者児童教程」の作成

今村治郎が「教労」運動の重要な遺産として後代に残したものは、彼が中心となって作成した「修身科・無産者児童教程」と題した修身教育についての教師指導書（教育過程の自主編成）の草案です。

「教労」長野県組織は、教育過程を自分らの手でつくる仕事に力を注いでいました。歴史は諏訪、修身は上・下伊那といった分担でした。のちに修身の場合は下伊那が原案を起草し、それを上伊那が検討することになっていました。ところが、下伊那が起草した原案を上伊那に渡した直後に「二・四事件」が起こり、草案は警察当局に丸ごと押収されてしまいます。

今村治郎がこの草案に四〇年を経てめぐり合ったのは、戦後四半世紀近くも経った一九六九年でした。当局に渡った「修身科・無産者児童教程」は、治安対策として転写などが繰り返されてきたために数々の誤植が生じ、さらに当局によって意図的に歪曲された表現もありました。今村はそれらを正しながら、草案段階での不備や、欠落した事項などを補強し、一九七三年九月一日に「教労事件四〇周年記念出版」と題し、『修身科・無産者児童教程―長野県教労（二・四事件）の下伊那地区に関する資料―』を刊行しました。こうして修身科の「児童教程」は、「草案」としてのオリジナルで正確な姿を再現したわけです。

この「児童教程」が「修身科」であったことは、歴史的に重要な意味をもつものですので、そのことについて少し考えたいと思います。日本の近代教育における修身科の、特別な位置づけについても知っておく必要があると思うからです。

教科としての修身科の成立は、一八七九（明治一二）年九月の「教育令」（自由教育令）の布告にはじまると言われています。この時点での修身科は「必修教科の最下位」であったものが、翌年一二月の「改正教育令」では、一転して教科の最上位に浮上します。この位置は敗戦まで六五年間にわたって不動の位置にありました。

明治二十三年教育勅語の渙発（かんぱつ）（天皇の詔勅を世に発令すること――引用者）は、明治十年代以降の徳育論争に決着をつけるとともに、絶対主義体制下の教育形成、とりわけその中心

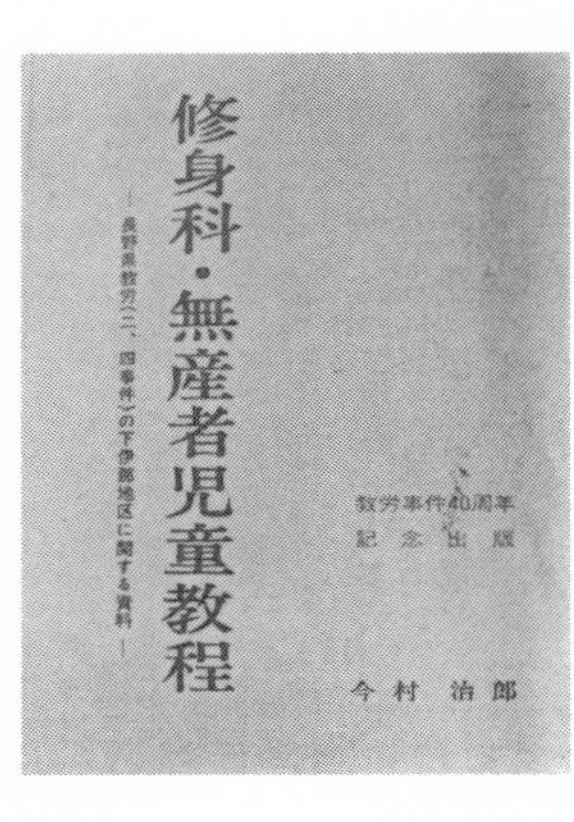

としての道徳教育に決定的な影響をおよぼした。
（海後宗臣監修『日本近代教育事典』平凡社、一九七一年一二月一日）

尋常小学修身書は、一九〇四（明治三七）年から国定教科書となり、敗戦まで続きます。その間、第一次世界大戦（一九一四年）、満州事変（一九三一年）を経て、今村治郎の時代まで三回にわたって改訂されています。こうして「修身教育の大勢は戦時体制の要求する皇国臣民の錬成という方向に流されていった」（前掲書）のでした。つまり、修身科は十五年戦争へと国民を動員し、天皇のために死ぬことを至上の名誉とする、狂信的な超国家主義、ファッシズム思想形成の中枢的な教科としての役割をになったものでした。

今村治郎が中心となって作成した「修身科・無産者児童教程」案は、こうした支配階級の思想攻撃の中心軸に真っ向から対決し、科学的な認識、真実をつかみ取り、次代を背負う人間として、自らを形成していくことを強く願ったものでした。当然のことながら、下伊那地区での「教程」案づくりは、多くの困難をともなっていました。

「教労は日本の教師たちが、教育労働者の自覚をもって団結してたちあがった、日本で最初の教育労働者の組合」（井野川潔、記念出版「教程」、「序文」）です。一九三二年二月、「教労」長野支部が結成され、南信（長野県南部）地方の諏訪、上伊那、下伊那の三地区結成もほとんど同時でした。下伊那地区の活動の中心校は上郷小学校で、今村治郎、福澤準一、宮島一信、矢野口波子などがいました。その年の四月、組織拡大のために今村治郎は上郷小学校を去り、生家の隣村にある三郷小学校に転じていきました。今村治郎はそこでまもなく「教労」の組合員を獲得して分会をつくり、続いて郡下のいくつかの主要校に組織を拡大していきました。それは「早春の野火のように静かに燃え拡がって行く様相」だったと、今村治郎はのちに回顧しています。今村治郎は前述の資料（記念出版「教程」）につけた資料の中で、「教程」の作成経過について書いていますので要約しますと次のようなことでした。

一九三二（昭和七）年九月、上郷分会と三穂分会から数名が秋蚕（あきご）休みの一日を利用して、宮島一信の家に集まりました。宮島は人家から離れた一戸建ての教員住宅に一人住まいで、集まるには絶好の場所でした。上郷分会からは福澤準一、宮島一信、矢野口波子、岩田のぶが、三穂分会からは今村治郎、本山節子が参加し、尋常科一年の修身教科書から各課について、どう教えるかなどについて、雨戸を閉め切って終日討議しました。この集まりで、「教労」長野支部全体としても「無産者児童教程」を作成すべきだという意見を下伊那地区として提起すべきだということになり、一〇月に行われた第八回支部地区の代表者会議で福澤準一がこれを提案し、すでに討議している経過もふまえて、歴史は諏訪地区に、修身は上・下伊那地区が担当することになったのです。

修身については他に先んじて討議をはじめていた下伊那が草案をつくり、それを上伊那に渡して修正意見を付すことになりました。下伊那地区での修身科の「草案」づくりは、低学年を今村治郎が、高学年を福澤準一が担当することになっていましたが、草案を上伊那地区に渡す期日が迫る中、福澤の高学年部がおくれていたため、今村が高学年の一部を応援して作成し、一二月の地区代表者会議で、草案の検討・修正を担当する上伊那地区に手渡したのでした。そしてこの草案が上伊那地区で討議にかかる直前に、「二・四事件」による弾圧に遭い、草案は丸ごと警察に押収されてしまったわけです。以降、草案は警察当局によって、弾圧対策のためのマル秘資料として複写されたり手写しされて、文部省も手に入れることになります。

今村治郎が、この「草案」にはじめて出合ったのは四〇年後と述べましたが、それは県警当局がマル秘資料として複写されたものであり、ひどい当て字や誤字などがあり、下伊那地区の「草案」とはかなり異相のものでした。今村治郎が担当して書いた「教程」草案の原型に近いものは、実は一九三四（昭和九）年三月に文部省学生部編の七〇〇頁に及ぶマル秘文書『プロレタリア教育の教材』の中にあったことを、「今年（一九七〇年）九月在京の友人奥田美穂氏（代用教員時代、一年間、今村治郎らと三郷小学校で席をともにした——引用者）の特別の配慮ではじめて見たのである」（四十周年記念出版「はしがき」）。まさしく四〇年ぶりの「草案」執筆者との再会でした。

〈尋常小学修身書巻一の取扱い〉

第十七　チュウギ

忠義、愛国心云々がつねに労働者、農民犠牲において、地主、ブルジョアを擁ゴする以外何ものでないことを具体的バクロし、帝国主義戦争をあばき反戦を伴う。

所謂愛国心、日本魂等が日本の専売品にあらざること。その実例。

戦争とは。

誰のために。

誰が如何なるギセイを受けるか。

何故忠義を強調するのか。

欺瞞、強制されて——その実話——国のため、忠義とかの名のもとに欺かれて悲惨なギセイとなった人々その家庭。

敵は、味方は、如何にすべきか、銃を自国のブルジョアに向けよ。
真の勇者、英雄とは、インターナショナルの精神の昂揚。

△

キグチ（木口小平のこと。日清戦争の時、死んでもラッパを口から離さなかった、という忠義の美談――引用者）の死んだ後の老母の悲嘆、其後の悲惨な生活そこより戦争の誰のためになされるのか。誰が損を見るかを身をもって知り、近所の人たちに反戦をときその先頭になって斗う。

「修身科・無産者児童教程」は、前文的な「教科書尊崇の態度・観念の破壊」の項で、次のような注目すべきことを述べています。

ここに記載せられているところのものをそのまま即ち斯くの如き言葉、形において機械的公式的に教授することを要求しているものではないしまたし得るべきものではない。

このことは、弾圧に対する当然の心得であると同時に、「教程」をふまえた先に、教師として、子どもの発達段階に応じた、積極的な創造性の発揮を求めていたのです。これは、この「教程」を貫く、一つの重要な思想でした。
こうした「修身科・無産者児童教程」について、前述した文部省のマル秘資料『プロレタリア教育の教材』の中でこの「教程」を取り上げ、当局の側がどう読んだかを、今村治郎は次のように紹介し、明らかにしています。今村治郎の文書（三七頁）にあったものを引用します。

之は尋常科第一学年から同第六学年迄及び高等科第二学年の修身書の全課に就いて如何に教授したらよいか、如何なる点に主眼を置くか、又それを如何なる点に結び付けるかという問題を詳細に書いたものである。殊に其の修身教科書使用についての注意の如きは微に入り細を穿ったものである。而して此の如き大部な詳細な教案は他の科目に於いては見ることが出来ない。之から見ても彼等が如何に此の修身科に対して其の攻撃の全力を尽くし、所謂ブルジョア道徳の破壊、プロレタリア道徳の確立を企てゝいるかゞ推定されると思う。

やや文学的修辞を用いれば、「教労」下伊那地区、今村治郎執筆の「修身科・無産者児童教程」は、真っ向から暗黒の反動思想の中心を射抜き、その心胆を寒からしめた、と言えるでしょう。

敗戦後、教育勅語は国会で失効が決議され（一九四八年）、修身科は廃止されましたが、戦後の保守政権はそれにかかわる学校において道徳教育をどのように強化していくか、ということに強い執着をもち続けてきました。一九五八年に小・中学に「道徳の時間」が特設されて以降、現在では道徳が「特別の教科・道徳」として正規の教科に格上げされたことで教科書がつくられ、当然評価（通知表にも記載）がされることになります。すでに小学校では、二〇一八年度から、中学校では二〇一九年度から実施されています。戦前の修身教育において、その具体的人間像として描かれた二宮金次郎が、現在では文部省検定を通った「特別の教科・道徳」の教科書の半数に登場しているということは、「戦争する国づくり」に欠かせない人づくりの教材としての「再利用」であることの疑念はぬぐえません。

このような事実から考えると、支配権力の道徳教育がもつ反国民的性格を見抜く上でも、「修身科・無産者児童教程」は重要な歴史的意味をもつものだと思います。

矢野口波子 ——自分のうなずける道へ

(1) 獄を出てから

今村治郎たちの修身科の教程案づくりの討議に参加した六名の中に、今村治郎の前任校の上郷小学校の女性教師が一人参加していましたが、それが矢野口波子です。のちに今村治郎と結婚します。たびたび引用している岡野正編『一九三〇年代教員運動関係者名簿(改訂版)』には次のように記されています。

矢野口波子(やのぐちなみこ)、一九一二(明治四五)年二月一四日、南阿曇郡有明村新屋、彦松・とくの七女。二八年豊科高女卒。三〇年松本女子師範二部卒、四月下伊那郡上郷小、三二年教労加入。三三年二月二一日検挙、治安維持法違反で起訴。未決勾留中に岡田清子・笠井アサと獄内機関誌『鐵鎖』のち『赤い隅』を出す。三四年五月二二日懲役二年執行猶予四年（正しくは三年――引用者）の判決。三六年今村治郎と結婚。

矢野口波子は、最後まで非転向を貫いた女性です。次のようなエピソードが『抵抗の歴史――戦時下長野県における教育労働者の闘い』の中の座談会で紹介されています。一九三四（昭和九）年二月三日の『読売新聞』の記事です。

……起訴十一名中、矢野口波子一人を残して他は全部転向を誓っているが、矢野口一人は各方面からの勧告にかかわらず頑強にかまえている。検察当局から男をしのぐ認識と理論をもつガッチリ者だと思ったが今更にその頑強さに驚くほかはない。（後略）、（二五七頁）

矢野口波子はこの座談会で「そんなたいしたものじゃなかったのですが。自分の行きたい方へ行くのだと思っただけです」と遠慮深く語っています。新聞記事当時、矢野口波子は二一歳でした。「二・四事件」の誇るべき非転向の女性矢野口波子は、二四歳で今村治郎と結婚します。

今村治郎にとっても、今村波子にとっても、「二・四事件」で釈放された以後の生活は、獄中以上の苦しみが待っていました。それは、治安維持法がしかれた状況下にあっては、敵陣に置かれているようなもので、地域の反感と差別意識の真っ只中にいたからです。

戦後に出版された『いばらの道ふみこえて—治安維持法と教育—』（大槻健・寒川道夫・井野川潔編、民衆社、一九七六年八月一日）に、今村波子は「獄を出てから—選ぶ道を確かめながら—」の一篇を寄せています。一年余を獄中で過ごして、父母のもとに帰ってきた時から筆を起こしています。

母の髪の毛は一年余見ぬまに真白になっていた。兄のやり場のない憤懣に光る目に合い、私は面を伏せた。嫂は背を向けて勝手に立って行った。

すでに恍惚の人となっている父の、定まらぬ目は天井を見たきりで何の反応も示さなかった。……昭和九年五月二十二日のことだった。（二九五頁）

豊かな中農の生家での反応でした。今村波子は、繊維労働者の鈴木清子や笠原アサとの獄中での闘争を回想します。急ごしらえの松本警察署の留置場で、はじめて出会った鈴木清子は昴然として楽天的でさえありました。そこへ、ある思想犯で捕まった男性が、卑屈な姿で「改悛の情を表明して余りある恰好」をしているのを見たのでした。

この二つの鮮やかな光景は、今村波子の心に焼きつき、そして、自分の行くべき道を見出したのでした。松本警察での一週間後、長野刑務所に護送された時、鈴木清子は「キミガンバレ　オレスグアトカライクカラネ」という言葉で送り出しました。今村波子は「自分にうなずける道」のため、非転向を貫きました。公判結果は、懲役二年執行猶予三年でした。

家に帰ってからの今村波子は、獄中生活の疲れに心身が侵されて、食欲を失い衰弱していきます。特高警察の監視下に置かれていたため、特高らはひんぱんにやってきて、友人への便りもすべて検閲されました。友人たちは「最後の一人も便りを絶った。私の行動はすべて四囲の監視の中にあった」と書いています。親類や恩師たちは今村波子の訪問を拒否します。「語る人もなく、もちろん職もなく、私は衰弱と孤独の底で、しだいに自分の精神が混乱していくのに気づいた」と、今村波子は書いています。

そんな時、生家の縁側に横たわりながら、北岳（南アルプス）の上にたむろして長い間、動こうともしない白雲を見つめていたのです。長い時間ののち、その雲がわずかながら動いたのです。今村波子は、その時「雲が動いた、動かぬと思った雲が動いた」と、突然身内をゆさぶる啓示のようなひらめきをつかんだのでした。「同じ状態が絶対変わらぬということはあり得ない――」と確信したのです。

こうして、今村波子は、自分だけのこの発見に感激し、元気を回復していったのでした。

(2) 貧困のどん底を生きる

戦後、私が今村波子の名前を見たのは、一九八〇年代のはじめ頃、『新日本歌人』誌上でした。八〇年代といえば、今村波子は六〇歳でした。断続はありますが、ねばり強く作品を発表し続けました。現在の私は、まだ今村波子の作品の全貌をつかんではいませんが、ここでは主として、「教労」運動にかかわる回想、今村治郎と結婚後の村での生活といったことを、いくつか述べようと思います。

泉水に落つる水音は夜半も続く生くる術なかりし出獄の日々も
（『新日本歌人』一九八一年一二月号）

病根は治安維持法が植えつけぬ生き抜くべしと五階病棟を見上ぐ

（同前、一九八三年一月号）

双手揉み物言えず泣く面会の老母が顕ちくる二・四記念集会（同前、六月号）

枯草に氷雨降りしき独房跡ここかと見定め歩を返したり（同前）

タンポポ咲き野蒜は伸びて足もとに今年も巡りし春の親しさ（同前、八月号）

一生の辛きことのみ語る教え子の背後に絡むは戦争なりき（同前、一九八五年四月号）

「当時の川路村は天竜川に沿って、帯状に点在する八部落約五百戸の小村であった。私たちがここに住みついたのは昭和十二年頃だったろうか」と、今村波子は前掲「獄を出てから」の中で回想しています。川路村は、夫今村治郎の生地です。村はきわめて封建的な人に支配されていました。

出所したばかりの今村治郎と妻波子は、「アカ、国賊、売国奴、非国民」とありったけの罵りと侮辱を込めた視線の中で生活をはじめました。叩き込まれた偏見で敵視される中、二人は善良な庶民であることを理解してもらうために、まず自分たちをこそ変えようとしました。職は見つからず、貧困のどん底をいく生活でした。「十四年四月長女が生まれた。六月治郎は病にたおれた。肋膜炎だった。長い療養生活が続き、今も病がち」「敗色濃い戦況下、生きるために死に物狂いの日を過ごした」と、今村波子は書いています。

――そして、敗戦の日がきたのです。

今村治郎は、「二・四事件」の複雑な状況下ではあったにせよ、「転向」――挫折の問題が、「限りない悔恨、癒ゆることのない傷痕となって」生涯につきまとうことになりました。その苦悩を、今村治郎は一九七三年に出版した『修身科・無産者児童教程―長野県教労（二・四事件）の下伊那地区に関する資料―』の「あとがき」に、痛恨を込めて書き記しています。若き日に、この歴史的な『修身教程』に心魂を込めた者として、「ことばと行ないを分かち難き」ものとしてきた教師として、「真の革命の道を目指す立場から、私は私のざ折を許すことはできなかった」というのです。

天皇制を頂点とした思想構造の、その核の部分である修身教育に、真っ向から火の矢のような教育実践を打ち込むこと、それが「修身科・無産者児童教程」でした。その作成の提案者であり、執筆者であり、その実践に努力しつつあったのが、他ならぬ今村治郎でした。それゆえ、今村治郎は、自分自身を許すことができなかったのです。「教程」はいわば諸刃（もろは）の剣（つるぎ）となったのでした。

今村治郎はその点で、「児童の前に再び立つことはできないという考え方」（『抵抗の歴史』二五八頁）で、厳しく己を律したのでした。戦後、もう一度教壇に復帰することを熱心に先輩などから勧められ、その十分な条件や可能性があったにもかかわらず、今村治郎は教壇に立つことを拒み続けました。これは、頭を下げざるを得ないほど、峻烈な自己批判でした。私はこれを書きながら、涙が滲むのを禁じ得ないほどでした。今村波子は、「獄を出てから」の中で、敗戦後の今村治郎の壮絶ともいえる姿を描いています。

敗戦の混乱の中で、村民たちは、いち早く飯米獲得の闘争にたち上がった。桑園が多く、畑作農家が大多数を占めるこの村では、特に米が欠乏した。夫治郎は入党し、もちろんその先頭に立った。この闘争は勝利した。その後、終戦後第一回の村議選に、共産党公認として立候補した彼は、最高点で当選した。村内の封建制とは、常時徹底的にたたかった。共産党公認として、村議選（前後合わせて三回）、農業委員、教育委員、村長選、市議選（二回）とその闘いに家庭はほとんど顧みなかった。病弱な彼のどこにこれだけのエネルギーがひそむものかと、驚嘆するほど、長期かつ複雑な闘いもあった。……よく生きのびたものだと、顔を見合わせることも折り折りの昨今である。

これが、今村治郎の「二・四事件」での「挫折」を克服しようとした戦後の鬼神のようなたたかいの姿でした。
今村治郎は、一九八九年八月二日、八二歳で生涯を閉じました。『新日本歌人』の一九八九年一二月号に、「病は篤く」とした今村波子の八首が発表されています。夫今村治郎の最後を目前にした、妻の今村波子の別れの歌です。

病室に人恋いおらむ柿若葉陽返す坂を車は昇る
君曳かれし峠路は緑重なりて茫々五十余年病は篤く
相逢える日は後幾日と思い来ぬわれに病院のドアは開く
点々と落ち行く血液は誰のもの眠り続くる夫は既に遠くあり

福澤準一 ――屈折をかかえて生きる

(1)「アララギ」派の歌人

一九二七(昭和二)年四月、のちに長野県教労運動の拠点校の一つとなった下伊那郡上郷小学校に、今村治郎、奥田美穂、福澤準一の三人の若い教師が赴任してきました。今村は前任校の千代小学校から、福澤は竜丘小学校から、奥田は上郷小学校のすぐ前にあった飯田中学校を卒業したばかりの代用教員でした。文学好きで共通する三人は、急速に親しくなって、回覧雑誌『韻籤(いんせん)』を発行します。詩、短歌、批評、随想などを各自が自由に書き、三人が交替で編集し、回覧するというものでした。私は現物を見ていないので、内容作品について何とも言えませんが、戦後、今村治郎が刊行した『雑草の詩―わが若き日は暗い谷間の時代に生きて―』（一九七四年九月一日）の「後記」の中で、この『韻籤』についてやや詳しい経過が述べられています。

> 雑誌『韻籤』の最終号は何号であったか忘れてしまったが、いま私の手もとには第二十二号、第五十号、第五十一号（一九三一・七・二五発行）の三冊が残っている。あとの号は福澤の手もとにあったのであるが、福澤が鼎の家をたたんで上京するさい、市立飯田図書館に寄贈したということをきいたと奥田が近年話し合った時言っていた。

回覧雑誌『韻籤』は、「二・四事件」直前まで、かなり長く続いたようです。若き日の三人のつながりがいかに強かったのか、一つの証しであるといえます。

とりわけ三人に共通していたことは、短歌への深い関心でした。今村治郎は「二・四事件」後、作歌の道から遠ざかったとはいえ、『獄底に歌ふ』（詩歌集『雑草の詩』所収、一九七四年五月）が残されており、奥田美穂には、その死まで歌い続けた『遺稿集』（一九八六年五月三日）が残されています。また、福澤準一は、戦後に短歌結社『実生（みしょう）』を起こして主宰となり、戦前・戦後を含む歌集『帰雁』（一九六五年九月一日）一巻を残していることを思うと、「三ツ子の魂百まで」の喩（たと）えに似て、三人の若き日にその魂に刻まれた短歌への執着の強さを思わずにはいられません。

「二・四事件」が起こる三年前の一九三〇年六月のはじめ、福澤準一と今村治郎が下伊那郡泰阜(やすおか)村に、闘病生活を続けながら新しい歌の行方を模索していた『アララギ』派の歌人、金(かな)田千鶴(だちず)を見舞ったことについては、すでに今村治郎の項でふれてきました。

金田千鶴は、岡麓に師事しながら、そのジレッタント的な生き方ではなく、鋭い社会的意識に立った短歌や小説を書いており、『アララギ』の新鋭歌人として注目されていたのでした。

福澤準一が今村治郎と二人で金田千鶴を見舞った四ヵ月後のことについて、こう書かれています。

> 社会科学の研究を決意し、翌年秋、今村治郎、宮島一信と三人で上京、新興教育研究所を訪ねたが果さず、二月に中央オルグと会い（今村治郎らが修身科の「児童教程」を論議した、宮島一信の畠の中の一軒家で——引用者）、翌年二月、三人は教労・新教に加入した。
>
> （岡野正編『名簿』）

教労長野支部が結成（一九三二年二月八日）された年の四月、今村治郎は組織の拡大強化のために、三郷小学校と同じ郡内にある生家から近い三穂小学校に転ずると、当然のように福澤準一は職場での中心的活動家となっていきました。下伊那地区の責任者となった今村治郎を助けて、下伊那郡の中央部地域の責任者となりました。福澤準一は、教労長野支部でも注目される優れた教育実践家で、同時に、教労運動の活動家となっていきました。

『抵抗と歴史』の中で、今村治郎の回想的証言の中で、福澤準一の優れた教師としての資質を評価している一節があります。それは、県視学（戦前の地方行政官。教育の指導監督などをした――引用者）が、授業視察に来た時、今村治郎は小学五年生の自由授業の習字で、その授業ぶりをほめられた話の後に続く言葉の中のものです。

われわれは学校の教師としてはある程度模範的で熱心なまじめな教師として定評があったんですよ。（中略）へぼないい教師でない私がほめられたものですから、福澤とか他の優秀な先生は、子どもからも同僚からも一般的にいい先生といわれていた。（一〇一頁）

のちのことですが、奥田美穂が腰かけ的な気分をもっていた代用教員時代、今村治郎や福澤準一の教師としての優れて真摯な姿に感動して、本格的な教師になろうと決心し、師範学校へと進んだことを述べていました。

すでにふれてきましたが、教労下伊那地区の「修身科・無産者児童教程」の原案は、今村治郎を中心に、福澤準一が高学年を分担して作成したものでした。戦前の暗黒時代、天皇制教育の中枢として、子どもの心を鷲掴(わしづか)みにしようとした修身科教育の土台を突きくずすため、階級的立場に立った自主編成案をつくり上げたたたかいは、八〇年以上たった現在でも、色あせることはありません。

吾等三人つひに此の家に夜を明しぬしみじみとなりて飯(いい)を食みたり
（歌集『帰雁』一九二八年）

学問もし度しとおもへ将来の生活おもへばせつなかりけり（同前、一九二九年）

山峡のこの宿駅(うまやじ)の子供等にものを教えて今日も日暮るる（同前）

夥(おびただ)しき蔵書重ねし棚めぐらし小暗き部屋に君臥(こや)りをり（同前、一九三〇年）

一首目は、上郷小学校時代に気の合った今村、奥田、福澤の三人の青年教師が、おそらく徹夜で議論し合った翌朝の感じを表現したものでしょう。二首目は、教員資格の検定試験を重ねながら、準訓導から訓導へと進んできた福澤準一にとっては、人一倍向学心が強かったことを感じさせる歌です。三首目は、山峡の学校での子どもたちとの生活断片が、淡い感傷に包まれて歌われています。四首目は、おそらく金田千鶴の病室の描写でしょう。夥しい蔵書に囲まれている幸せより、作者の目は「小暗き部屋」に、病む金田千鶴の苦悩や不幸にふれようとしています。作歌年代は雑誌『アララギ』への発表年次と思われます。

歌集『帰雁』の中に、一九三〇年六月に今村治郎と二人で泰阜村の金田千鶴を見舞った次の二首があることは、今村治郎のところでも紹介しました。

型の古きパラソルをかざし先に立つ君は年ながく病み給ひたり

汗流れ山に向き行くわが前を道しるべといふ虫はうるさし

ところで、『帰雁』には載っていませんが、この時に福澤準一がつくった歌がもう一首あることを知りました。それは、戦後、今村治郎が書いた「古ぼけた竹行李の中の手紙―薄幸の歌人、金田千鶴と私―」(一九七六年三月)の中にありました。飯田あたりで出ていた、何かの雑誌に書いたエッセイでしょう。その中に、今村治郎宛の福澤の手紙が引かれています。

泰阜村から帰ってから福澤は私宛書信(昭和五・六・一〇消印)で「……僕はさみしいけ

れど驕らない心持になれてゐる。金田さんところから帰りに浮薄な心で兄にものを言ったことなど割合静かな心で思い出せる……」と書き、次の一首を添えている。

あげつらひあぐみをるわれはわれを褒むる友の言葉をひやびやと聞く（後略）

今村治郎にこの手紙を書いた同じ日に、福澤準一は金田千鶴にもハガキを出していたようです。それは同日付で千鶴が、福澤に返信を書いていることからもわかります（『金田千鶴全集』四九九頁）。すでにあげてきた歌を含め、こうした書簡を読むと、己を恃（たの）みながら、社会科学の方向へと向き直ろうとする直前の、福澤準一の姿が浮かび上がってくるような気がします。

教労運動に入った後、福澤準一のになった一つの実践課題に「ブルジョア的文化に対するたたかい」がありました。具体的には当時の長野県には、島木赤彦や土屋文明などの影響を受けて、教員の中に『アララギ』系歌人が多かったことから、保守的、体制的な影響を打ち破って、若い教師たちを、教労、新教の運動の側に引き寄せようとするものでした。『アララギ』の中で熱心に作歌していた福澤準一は、うってつけの役割を担うことになったのです（『抵抗の歴史』一八七頁）。

しかし、この方針は十分な成果をあげる前に、「二・四事件」の弾圧に遭遇することになってしまったのです。

(2) 歌碑に会う

今村治郎の墓にて（長男寛美氏と）

二〇一八年五月の連休に、私は長男の車で、多年訪れたいと思っていた長野県南部の下伊那におもむきました。

飯田市の上郷小学校を探し、今村治郎夫妻の墓や、泰阜村に金田千鶴の生家や墓、そして歌碑などを訪ねました。また、福澤準一の歌碑があることも『歌集・伊那』（飯田下伊那歌人連盟、一九七三年八月一五日）という本の中で知っていたので、探しあてました。その歌碑は、飯田市鼎（かなえ）切石妙琴原（みょうきんばら）キャンプ場にありました。キャ

金田千鶴墓（長野県下伊那郡泰阜村）

ンプ場は、天竜川の支流松川が小さなダムに塞（せ）き止められ、深いところで激しく川音を立てている右岸の台地にひろがっていました。キャンプ場の奥まった木陰に、その歌碑はあり、私は旧知に出会えたような親しい思いで碑に寄りました。

　おおどかに空にとざしたる朝曇り北東の方にうつりつつあり

碑面の文字は郷土の書家のものらしく、牧水の字によく似た、丸みを帯びて親しみがありました。のちに知ることになるのですが、この歌碑の歌は、歌集『帰雁』の中には見当たらないものです。碑の裏面に短く刻まれた建碑の由来は次のようなものでした。

福澤準一は明治四十三年九月飯田町に生まれ、鼎村に育つ。古里で教員生活ののち読売新聞記者となり中央で活躍。この間斎藤茂吉らに私淑歌を能くす。

　昭和四十三年三月永眠ときに五十九歳

昭和四十八年五月建立
石匠　宮下広中

この建碑の言葉は、いかにも余計なことは一切言わぬといった簡潔なものでした。この文面には、福澤準一が青春を傾けた教労運動や「二・四事件」については一語もふれられていません。それなのに、最後の行の「ときに」などといった強調は、いかにも場違いに思えたりして、私は違和感をもちました。

福澤準一歌碑（飯田市・妙琴原キャンプ場）

それから三、四ヵ月後の秋のはじめ頃、かねて飯田市立中央図書館に頼んでいた今村治郎著『わが半自叙伝——その準備作業ノート』という冊子を、私の地元図書館経由で読むことができました。表題やサブタイトルからもわかる通り、今村治郎は本格的な自叙伝を書こうとし

ていたことがうかがえます。これは一〇〇頁に満たない小冊子ですが、表紙は淡く色づけされた、今村治郎の夏シャツ姿の上半身のスケッチです。著者の表紙説明によれば、「一九七五（昭和五十）年秋、赤旗まつり似顔絵コーナーで、永井潔画伯が描いてくれたもの」とありました。一九八九年五月二〇日の刊行です。今村治郎八二歳の時です。

この冊子の中に、今村治郎の福澤準一についての回想があり、その内容は私を驚かせました。

彼が事件によって教壇を追われて後に、報知新聞の記者となり、これが合併後は読売新聞記者となり、戦後第一次の読売争議の際には組合側についたが、第二次の大争議には組合を裏切って会社側として活躍したため、異例の『出世』をして終りには論説委員となり、その故をもって夫妻して天皇の園遊会に招かれて感激、随喜の泪（なみだ）を流して天皇礼賛の短歌を発表、新聞を退職後はある右翼団体の短歌編集に従事していて先年死去されたが、彼の一八〇度の変身は、彼の優れた才能を知る者にとって、そして青春の一時期苦難を共にした親しい友人のひとりとして誠に痛恨の極みに堪えないところである。（七三頁）

今村治郎の「痛恨の極み」が、私にも響いてくる思いがしました。南信濃の山間の上郷小学校——当時は天竜川沿いにあったようですが、天竜川の洪水のため、今は高台に移されている——での、奥田美穂、福澤準一、今村治郎の三人の青年が、お互いの心を結び合わせ、青春を共有し、治安維持法下の教労運動に結集した充実と緊張のその日々を、根こそぎひっくり返された「二・四事件」の弾圧——。

戦前から戦後も続いた今村治郎の厳しい自己検討と、その結論による身の処し方を思う時、前述の福澤準一への歯ぎしるような今村治郎の批判と、無念の思いの深さは、私の心をゆすりました。

(3)「一八〇度の変身」の奥底

福澤準一の「一八〇度の変身」について、どんな事情があったかを明らかにする何の資料もありませんが、あらためて福澤準一が残した一冊の歌集『帰雁』の戦前、戦後の作品と「あとがき」とを読み返しました。そして、この「変身＝転向」の要因について、私は二つの仮説を立ててみました。

一つは、『アララギ』の斎藤茂吉の影響ということであり、もう一つは、「三・一五事件」当時、すでに結婚していた——このことは、あまり知られていない——福澤の生活の苦しさからの脱出願望、ということになります。

第一の問題とは、次のようなことです。福澤準一は、一九二七（昭和二）年から「三・一五事件」直前まで、毎月二〇首近く『アララギ』に投稿し、茂吉の選で四首か五首雑誌に掲載されていたといいます（『帰雁』「あとがき」）。この間の短歌は全部で一八三首あり、「三・一五事件」以降は一首もつくっていませんから、福澤準一は「三・一五事件」で短歌まで奪われたといってもよいでしょう。

福澤準一が作歌に力を傾け、『アララギ』に熱中していた時代は、プロレタリア短歌運動の発展期でした。歌集「あとがき」で、福澤準一は次のように回想しています。

そのころ斎藤茂吉先生は、プロレタリア短歌のナマ白い先兵に向って『アララギ』の砲塁から猛反撃を加えている最中であった。わたくしは、その先兵が、当然のように壊滅されるありさまを、固唾（かたず）を呑んで見まもった。そして、わたくしたちの秘密（教労運動のこと——引用者）が露顕するときが、斎藤先生に歌を見てもらう最後になろうと覚悟した。わたくしは……二・四事件以降、教壇を追われ、斎藤先生の前からも姿を消した。以来、日本の敗戦の時まで、まったく歌を作っていない。

ここでいう「先兵云々」は、石榑茂（のちの五島茂）が、総合誌『短歌雑誌』の昭和三年二月号から連載した評論「短歌革命の進展」での『アララギ』批判に対し、茂吉が猛烈に、かつ執拗に反論を展開していった、近代短歌史では有名な論争です。

福澤準一の茂吉への心酔は、この「あとがき」からもうかがうことができます。福澤準一は茂吉を絶対視し、茂吉の思想——それは、教労運動の思想とは矛盾し、対立するものであった——ことを含めて、一体感を求めようとしたのです。したがって「秘密が露顕するとき」とは、その対立、矛盾が明らかになることであり、『アララギ』を去ることになるのは、必然だったと考えたのでしょう。

戦後、茂吉は戦争賛歌の責任を問う厳しい批判にさらされましたが、茂吉自身は、苦悩しながらも戦争責任についての自己批判は、決して潔い（いさぎよ）ものではありませんでした。

軍閥といふことさへも知らざりし　われを思へば涙しながる

といったような虚構の中に韜晦（とうかい）していました。この歌のいかがわしさは、治安維持法違反で獄につながれた山埜（やまの）草平の短歌をそばに並べれば、いっそう明らかになります。

軍閥の奴隷とならず／獄にあり／頭をあげて、わが生きてをり

しかし茂吉は、次のような作品も残しています。

沈黙のわれに見よとの百房（ひゃくふさ）の黒き葡萄に雨降りそそぐ

ここには、批判に耐えて苦悩する茂吉の心情を鮮やかに表出してもいます。

福澤準一の歌集『帰雁』の戦後作品は、一九四五年「敗戦」の八首からはじまり、一九七二年の「親不知」「おりおりに」「餅食う孫」などの一八首で終わる、合計四二一首です。この中には、茂吉にかかわる歌は一首もありませんが、若い時代の茂吉への傾倒は変わらなかったと思われます。戦後、福澤準一が創刊した短歌雑誌『実生（みしょう）』というネーミングも、おそらく茂吉写生論の「実相に観入し、自他一元の生を写す」（◎は引用者）からのものであろうと考えます。福澤は戦後も茂吉のオーラの中に包み込まれていたのです。

福澤準一の「一八〇度の変身」にかかわる私の第二の仮説、貧しさからの脱出願望について考えてみます。

福澤準一についての直接的な資料は、私の手許には何一つなく、戦前、戦後の作品をまとめた歌集『帰雁』があるだけです。しかし『帰雁』は、生活記録的な性格ではないから、多くは想像で補うより仕方がないので、的はずれなことになる点も覚悟しなければならないことです。

福澤準一の少年時代の家庭状況は、複雑で不幸でした。父を五歳の時に失います。その時一歳の妹がいました。その後、どんな事情か、若い福澤の母親は幼い妹をつれて家を出されます。この時の祖父母を憎む歌や、少女になった妹が製糸工場に働きに出るのを嘆く歌があります。

われを置き汝(なれ)をつれ去る母のあと追いし悲しさをおまえは知るまい

妹を添えて若き母去らしめし祖父母憎みしもはや遠どおし

製糸工場にゆく妹をかなしみし少年われのはらわた煮えき

「二・四事件」の三年前頃、祖母が死に、祖父との二人暮らし、母と妹夫婦の暮らしが歌われたりしています。「二・四事件」当時、福澤準一にすでに妻がいたことを、私は長く知りませんでした。そのことを知ったのも、『帰雁』によってです。獄中歌の中には妻を歌ったものが、何首もありました。

妻めとる話に遠く来たりつつしきてせつなくひと思ほゆる（一九三〇年＝昭和五年）

月々の生活苦しくとりそめしトルストイ全集をあきらめんとす（同前）

つつしみて飯盛り呉るる妻を前にこころそぐはぬ食事をすます（一九三一年＝昭和六年）

何か熱心に手帳にものを写しをる妻のうしろに行きてのぞきこむ（同前）

わが妻が差入れくれし夕いひの白き飯あはれ幾月ぶりぞ（一九三三年＝昭和八年）

接見所に呼ばれてい行く路すがら妻いたはらむ言葉を思ふ（同前）

七月経て相見し妻と接見所にもの言ふ声の嗄れて出づ（同前）

わが妻と別れ帰りし獄房にしばし立ちをりうつけのごとく（同前）

父死して兄ばかりなる故家に今宵かへらむ妻を悲しむ（同前）

『帰雁』の戦前篇（一九二八年＝昭和三年より一九三三年＝昭和八年まで）の最後の一九三三（昭

和八）年分二〇首はすべて「二・四事件」の獄中詠で、そのしめくくりに妻の歌がおかれています。

『アララギ』に投稿しはじめた一九二八（昭和三）年頃の作品に、「階下（した）の室（しつ）に母が銭読みをる音を小夜深く吾は聞きてさびしも」と、戦後の一九五七年の「算盤（そろばん）をいくたびしても残らないものは残らぬ妻よ灯を消せ」の歌が妙に重なります。この二つの作品の間には、ほぼ三〇年の歳月が流れていますが、貧しさは、昨日の歌と今日の歌のように続いているのを感じます。

歌集『帰雁』には、今村治郎が書いた読売争議のことも、「随喜の泪」を流したという天皇の園遊会に招かれ歌も、全くありません。もしかしたら今村治郎は、福澤準一の主宰していた短歌雑誌『実生』か何かを見て、腹を立てたのかもしれません。

今村治郎の一文の中にある読売争議について、若干ふれておきたいと思います。

敗戦と同時に、労働組合運動は急速に燃えひろがっていきましたが、この時期の組合運動の特徴的な形態は生産管理闘争でした。それは、資本家の「生産サボタージュ」を打ち破って、「組合が業務を管理し、平常通り仕事をしながら、賃金引上げや、経営民主化の要求を貫徹しようとしたたたかいであった」（塩田庄兵衛・中林賢二郎・田沼肇『戦後労働組合運動の歴

史』三八頁、新日本出版社、一九七〇年六月二五日)。

一九四五年一〇月に起きた読売新聞社のたたかいは、戦後の生産管理闘争の第一号でした。この第一次争議では、社長の戦争責任追及や、社内の民主化、組合の経営参加権をかちとるなどしました。そして、勤労国民の要求を反映した進歩的な新聞を発行して、民主主義の啓蒙に大きな役割を果たしました。

読売新聞の第二次争議は、一九四六年六月に起こりました。それは、「占領軍の弾圧政策が原因であった」(前掲書、四〇頁)。

占領軍総司令部(GHQ)は、読売新聞を占領軍の「プレスコード」(新聞報道の自由を規制する規則)違反として、幹部六名の首切りを命令し、これを承認なければ、新聞社を閉鎖すると脅迫しました。警官隊五〇〇名と暴力団が社内に乱入、争議団を追い出して組合員数十名と組合幹部を逮捕しました。

これは戦後の労働争議に加えられた最初の暴力的大弾圧であった。組合は分裂し、第二組合が組織された。争議団六百名は社外にもうけた闘争本部にたてこもって、一二〇日をこえるストライキをたたかいぬいたのち、刀折れ矢尽きた。(前掲書、四〇頁)

（4）アンドリュー・ロスのこと

読売新聞社の第二次争議の場面で、組合が分裂し、第二組合に走る福澤準一の心理を想像しました。福澤はこの時、「二・四事件」を連想したのかもしれません。昭和初頭の「二・四事件」後、教職を追われた福澤は、ようやく新聞記者になりました。そのことによって、家庭生活は豊かではないが、落ち着いてきていたでしょう。もし、第一組合に残れば、また「二・四時間」のように職を失い、同じ憂き目を見ることになるのでは——。それは、「貧」の恐ろしさであったものと思います。もう、やり直しはきかないと、彼が思いつめたとしても不思議ではありません。

——そうして、福澤準一は第二組合に走っていったのであろうか。「貧」からの強い脱出願望が、彼をしてついにルビコン河を渡らせたのであろう。この時の福澤準一は、茂吉のオーラよりも、もっと根源的な貧困との対決に、白旗を掲げたのであろう——。

そう考えると、今村治郎の嘆いた「痛恨の極まり」の底に、現在も深く根を張っている資本主義的な「貧困」と「格差」の問題を思わずにはいられません。

はるか昭和の初頭、信州南部の山間の小学校に、心を寄せ合った三人の青年教師、今村治郎、奥田美穂、福澤準一の、「貧」についての人間的な処し方を、その後の生涯を含めて思わざるを得ませんでした。

今村治郎は、その社会的矛盾の打開のために、自らを洗い直した思想と行動を対置し、奥田美穂は、小説「暗い朝」に見られるような人間的真実を、広く教育関係の場で貫こうとし、そして福澤準一は、現実生活の苦難からの脱出願望によって自らを規定していった、と特徴づけられるような気がします。

福澤準一の歌集『帰雁』を読み直してあらためて感じるのは、「貧」につながる生活が、時に痛いたしく表現されながら、その短歌的世界は、外にひろがらず、きわめて小市民的な生活世界に閉じこもっている、ということでした。

「二・四事件」は、福澤準一にとって、もはや忘れたい遠い記憶であったのでしょうか。今村治郎が厳しく批判した天皇の園遊会に招かれて、「随喜の泪」を流した歌も、読売争議で「出世」した歌も、歌集「帰雁」には一首も見当らなかったことについては、前述してきました。しかし、「二・四事件」を戦後に回想した歌に、次の二首がありました。

検定試験と非合法活動とに明け暮れぬ青春と呼ばむ時もなかりき（一九四九年＝昭和二四年）
この父がつながれし話いまだせずやがてうなずく日も至るべし（同前）

若き日の心に刻まれた、治安維持法による弾圧、それと立ち向かった青春の傷痕は、打ち消しがたいものとして、深く福澤準一の心に残っていたことをうかがわせます。体制内思想に「一八〇度の変身」をしながら、なお体制による弾圧を忘れることができないでいるということは、何という大きな矛盾でしょうか。一言でいえば、それほど、絶対主義天皇制の治安維持法による弾圧は、人間そのものを深部から破壊するものだったということを、強く思わせます。

私には、この二首を歌集に残した福澤準一の心の痛ましさが、わかるような気がします。

読売新聞争議に関係し、本論とやや離れますが、つけ加えておきたいことがあります。読売新聞が、占領軍の介入によって変質されていく直前の一九四六年五月二七日、当時アメリカの新進気鋭だったジャーナリスト、アンドリュー・ロス（Andoru Rosu）の特別寄稿「日本の政治的危機」が『読売新聞』の一面中央に掲載されました。その中で、ロスは新日本歌人協会の機関誌『人民短歌』（のちに『新日本歌人』と改称）にふれているのです。その部分は次のようなものでした。

私はさらに西欧文化の模倣などより『人民短歌』に現れたような日本詩の民主主義化と民主化についての報道に深い感銘を受けた。

ロスのこの言葉について、私はこれまで何回も書いてきました。ロスのこの評論「日本の政治的危機」は、私が『新日本歌人協会六十年史』を書く準備過程で発見したもので、今でもその感動は忘れることができません。木俣修の『昭和短歌史』も、篠弘の『近代短歌史』にも、渡辺順三の『定本近代短歌史』にも、とらえられていなかったからです。この著名なジャーナリストの国際的視野の中に、創刊三ヵ月の『人民短歌』がとらえられていたことは、短歌の民主的発展を志すものにとって大きな誇りとすべきものでしょう。

福澤準一に遺歌集『還暦』が非売品として、没後の一九六八年一一月に出ていることを知り、入手して読みました。本稿のなかで、飯田市の妙琴原キャンプ場にある福澤準一の歌碑の歌「おおどかに空とざしたる朝曇り北東の方に移りつつあり」が、歌集『帰雁』のなかにはないと書きましたが、『還暦』のなかの「昭和四十二年」の「朝曇り」の連作の先頭にありました。

また、福澤準一が「天皇の園遊会に招かれて感激、随喜の泪を流し」たと今村治郎が批判した短歌は『還暦』の「昭和三十九年」の部に「雨の園遊会」として八首ありました。うち五首をあげます。

三十前の幽囚　今日の雨に裾模様つまむ妻をつれてゆく
右り左り礼しつつくる竜顔はひとりひとりを認めぬ眼して
暗黒の歴史を負いて落ちし肩ただ重々とわが前を過ぐ
人垣のなかを笑みつつ黝めるこの一族をわれは悪まず
傘さして茂みの方に消えゆきぬ背まるき天皇とその一族と

これらの歌は客観写生の歌であり、今村治郎が「随喜の泪を流し」と書いたのは、やや誇張した文学的修辞かと思われます。今村治郎にとって福澤準一の歩んでゆく方向が、残念でならなかったところからくる筆づかいだったのだと思います。

奥田美穂（よしほ）——知られざる教育ジャーナリスト

(1) 小説「暗い朝」のおもかげ

君が賜びしみそづけうこぎほろ苦く少年の日の伊那の偲ばゆ（一九七七年）
浴室に親子対話の声高しかかるまどゐはわれになかりし（一九八三年）

奥田美穂遺歌集『生活と歌』（遺稿刊行委員会、一九八八年五月三日）の中のものです。この遺歌集には、戦後のものばかりが収められており、「二・四事件」に関したものがほとんど無いのは残念なことです。例によって岡野正編の『一九三〇年代教育運動関係者名簿（改訂版）』を引用させていただきます。

奥田美穂（おくだ・よしほ）一九〇九（明治四二）年五月二三日、下伊那郡上飯田村六四四五、文明・くら長男。二七年飯田中学卒、下伊那郡上郷小代用教員、今村治郎・福澤準一と同人誌『韻籤（いんせん）』発行。二九年長野師範二部卒、四月諏訪郡本郷小、『アララギ』に投稿、山田国広の勧めで教労・新教に加入。「無産者児童教程」の歴史科の編集委員、三三年二月二一日検挙、二一日間勾留、懲戒免職、治安維持法起訴留保、一九八五年六月一二日死去。

私が奥田美穂への関心を強めたのは、『新日本歌人』一九八七年一〇月号の、今村波子（旧姓・矢野口）の「奥田美穂氏の墓参り」と表題した次の四首を読んだことによります。

苔やにむしいる墓名にうからと名前連ねるを見れば悲しき
休む間なくロケ地に急ぐ発ち際に一杯の冷酒求めし君は
結婚さえ遂に奪いし治維法に怒り新たな烈日の墓前
山の辺に朝霞たゆとう下呂の町長き心掛りの消え去らむとする

奥田美穂（歌集『生活と短歌』より）

今村波子の夫治郎と、奥田美穂と福澤準一とは、下伊那の上郷小学校で、気の合った文学青年として、三人で回覧同人誌などを出していたことについては前述してきましたが、波子が三郷小学校に赴任した頃は、奥田美穂はすでに師範学校に転じていました。

奥田家の墓は岐阜県の下呂駅近くにありますから、本籍地は岐阜県で、飯田へは父母が若い頃、下呂から引っ越したのかもしれません。

今村波子は、奥田美穂の没後二年目の夏に、岐阜県下呂にある、その墓に詣でたのでした。

今村波子が四首目で「長き心掛り」と歌い、その三首目で「結婚さえ遂に奪い」去った、非人間的な治安維持法に抗議しています。しかし、その「長き心掛り」とは何か、ドラマがひそんでいそうですが、この四首だけでは全くわかりません。今村波子は、二〇〇一年三月三〇日、八七歳で亡くなっていますから、この墓参りは、亡くなる四年前（一九八七年）、波子は八三歳。「二・四事件」から五四年が経っていました。

今村波子の歌にひそむ、ドラマのなぞが、おぼろげながらわかったのは、戦後の一九五七年、奥田美穂が『新日本文学』九月号に発表した小説「暗い朝」を読んでからです。「暗い朝」の作中時間は、「二・四事件」で懲戒免職で教壇を追われた直後です。作品の内容は、主人公の小松信夫が上京して、父のつくった売れないワサビ漬けを行商して歩く日々を追うもので、「二・四事件」の権力に対する己れの対処に、自己嫌悪を感じながら、今は生きるために「守銭奴」になりきろうとする、切々とした苦悩を描いた中編の力作です。その中に、小松信夫が結婚を約束した女教師金山せつ子と別れるところが、二ヵ所にわたって、やや長く書き込まれています。

金山せつ子との交渉も、このとき（小松信夫の検挙の時——引用者）で終りになった。近くの小学校に勤めていた彼女とは、作文教育の研究会でいっしょになってから二年間の交際がつづき、私の思想にも十分理解をもった上で結婚の約束をした間がらだった。その後、隣郡へ転任した彼女からは、月に二、三回かならず手紙がきていたのに、事件後四カ月のあいだ、一度も訪ねて来なかったばかりか、手紙さえよこしていなかった。……が、今となってはそれも問題ではなかった。彼女の愛した小松信夫は、昭和八年二月に死んでしまったのだ。今生きている小松は、全くちがった人間なのだ。私は上京にさきだって、彼女に短い訣別の手紙を送った。それが彼女に対する愛情の最後の表現だった。これで、おそらく一生会うこともあるまい。が、これでいいのだ。（後略）

この部分は、東京に出てきて間もないある日、池袋の西口から近くの、小さな炭屋の二階のかくれ家に、郷里の父から「S新聞」（『信濃毎日新聞』――引用者）が送られてくる。それは「赤化教員のその後」の三段抜きの見出しの記事でした。そこには、自分のことについても「行商の懺悔の明け暮れ」の小見出しで、「東京へ出て行商で身を立てながら転向の手記を書きつづけ、教壇への復帰を願っている」などと書かれているのを読みます。その後、警察署の呼び出しがあり、特高係によって、その後の思想状況を調べられます。それが一つの端緒となって、「二・四事件」の回想となり、その回想の一つとして金山せつ子のことが語られるのです。

「暗い朝」にもう一か所、金山せつ子が登場します。故郷の純心な教え子からの近況を知らせる手紙が来て、それを読み終えた小松信夫はとめどなく涙をあふれさせ、「私には、もはや彼らに向かって再び教師としてものをいう資格はないのだ」と思いながら、子どもたちと過ごした山の村と学校生活へと回想が続いたあとです。

……東京の街々を歩きながら、私はときどき彼女を思い出すことがあったが、そんなときの彼女は、まるで遠い記憶の中をふっと通りすぎる影のような淡さで消えてしまうのが常だった。だが、今夜は違っていた。いつも紺の袴をはいていた、ほっそりとした姿や、切れの長い、たえず何かを考えているような知的な光をたたえていた眼が、不思議に鮮明な色彩をもって甘い感傷をさそうのだった。

去年の暮れの休暇に郷里へ帰る途中、私たちは打合わせて両方から出てくるとちょうど等距離になる山のさびしい駅で落ち合った。雪をふくんだ雲が重くたれこめ、寒い風の吹く枯原の中を、私たちは飽くこともなく将来のことを話し合いながら歩きまわった。そのとき交わした握手のやわらかな感触や胸の痛くなるような感動を、今も私は忘れていない。そして、そのとき彼女がいったことばも……。いけない、今ごろそんな思い出が何になるのか！

奥田美穂最初の小説集『絵の記録』（装幀・宗像誠也）

「暗い朝」を収めた作品集『絵の記録』に寄せた文芸評論家の久保田正文が、「奥田美穂の核心―『暗い朝』の前後―」の中で、「文学作品として、質の良い感動をつくる条件をそなえている」と言い、「ひきしまった、かけ値なしの秀作」（「奥田美穂さんをしのんで」『社会教育』一九八五年八月号）と激賞しているように、この作品は、「二・四事件」の重い内容をもち、感動的な作品です。

特高体制が、検挙された教師たちを、一ミリでも人間らしく先へ進むことを許さない、その権力の非人間的な姿を描いている中で、金山せつ子にかかわる描写のみ、人間的で明るく生きいきとしています。このことは、作者の「金山せつ子」への思いの深さゆえでしょう。「暗い朝」の主人公小松信夫は、作者と等身大に描かれています。私の関心は、小松信夫の恋人「金山せつ子」の実像に強く向けられていきました。

(2) ヒロインの実像考

「金山せつ子」のモデル探しに示唆を与えてくれたのは、あの『一九三〇年代教員運動関係者名簿(改訂版)』でした。そこに「金山せつ子」を連想させる金井里子の名前がありました。名簿によれば「一九一一年(明治四四年)七月五日」生まれとありますから、奥田美穂より二つ年下ということになります。金井里子は、松本女子師範二部卒で、矢野口波子と同級生でした。そして「矢野口波子の勧めで教労・新教に加入」したのでした。戦後まで生き、一九八八年七月一三日に死去しています。

金井里子と矢野口波子は、女子師範の同級生であり、「教労」加入も同時期、波子の勧めでした。同級生から「教労」運動の盟友となったのです。奥田美穂と金井里子をつなぐものは、今村治郎と矢野口波子の二人が、もっとも現実的な影響力であったのだろうと、私は推測しています。

奥田美穂が代用教員としてはじめて教壇に立ったのは、一九二七(昭和二)年、下伊那郡上郷小学校でした。矢野口波子もここが初任校で、福澤準一とやや年長の今村治郎は、他校から上郷小学校に転任してきました。文学好きの奥田美穂、福澤準一、今村治郎の三人は、すぐに意気投合して、『韻籛(いんせん)』という難しい名前をもった回覧雑誌を発行しはじめたことについては、すでに述べてきました。

最初は「同人三人、読者三人」だったと今村治郎は戦後に回想していますが、『抵抗の歴史――戦時下長野県における教育労働者の闘い』の中に、警察当局の調査資料があって、「下伊那地区上郷分会会議」の項に、関係者として「宮島一、今村、福澤、矢野口、岩間、岩田」の六人の名前をあげ、「今村ハ七年四月三穂村に転任/宮島一信ハ八年一月六日死亡」(八二頁)と附記があります。これは、昭和七年三月から翌八年までの調査期間となっています。奥田美穂は師範入学のために上郷小学校を去っていましたから、名前がないのは当然です。これから推測するに、同人誌『韻籛』読者の三人は、矢野口波子、岩間隆、岩田のぶの三人ということになりそうですが、岩田のぶは裁縫女学校を出て、上郷実業補修学校の助教諭でした（『名簿』による）から、文学に縁遠いのでは、と考えられます。私は読者三人のうちの一人に矢野口波子のよく知った金井里子が入っていたのではないか、などと想像します。

ともあれ、奥田美穂と金井里子の二人と今村治郎と矢野口波子との間には、いくつもの結びつく線があるように思えてなりません。もっと言えば、奥田美穂と金井里子を結びつけたのは、今村治郎と矢野口波子であったと考えるのは、ごく自然だとさえ思えてきます。「二・四事件」に至るまでに、今村治郎と矢野口波子との関係は、すでに深いものとなっていたでしょう。

奥田美穂は小説「暗い朝」の中で、故郷の父から送られて来た「S毎日新聞」を見ながら回想にふける場面に、次の一節があります。

　女教員の中でただ一人起訴された浜口友子は、今なお転向を口にしていないと、そのしんの強さをひやかすような、それでいて何か人の心を打つようなことばで記されていた。津村と浜口のあいだでは、同志愛が恋愛に進んでいたが、そのことも「赤い恋」というような月並みの表現で暴露されていた。

小説の中の「浜口」が矢野口波子であり、「津村」が今村治郎がモデルであることは、登場の人物の名前が、それぞれ実在する人物の氏名一字を使っていることからも明らかです。とすれば、小説の主人公小松信夫の恋人「金山せつ子」は金井里子の氏名から一字とっていて、金井里子が小説のヒロイン「金山せつ子」のモデルであるのではないかと考えられてくるのです。

小説「暗い朝」の中で、主人公小松信夫が、「(恋人金山せつ子が)事件後四ヵ月のあいだ、一度も訪ねて来なかったばかりか、手紙さえよこしていなかった」と嘆いているところがあります。しかし、これは無理というものでしょう。県下を沸騰させている事件の中で、警察にも、マスコミにも、まだつかまれていなかった金山せつ子が動けば、二人の仲や組織とのつながりを公表するようなものだからです。作品世界としても「津村」や「浜口」が何らかのルートで金山せつ子の自重を促していたのでは、という想像も生まれます。

そうしたことは、小松信夫にとっても十分理解できる対応と知れば知るほど、もはや愛の継続は望めなかったことでしょう。それを決断するために、小松信夫は「彼女の愛した小松信夫は昭和八年二月に死んでしまったのだ。今生きている小松信夫は全くちがった人間なのだ」とすることによって、自らを納得させようとします。そして「愛情の最後の表現」として、「短い訣別の手紙」を上京にさきだって送ったのでした。

しかし、金山せつ子への思いは絶ち切れず、行商をしながら、「紺の袴をはいていた、ほっそりした姿や、切れの長い、たえず何かを考えているような知的な光をたたえていた眼」を、鮮明に思い出すのでした。

奥田美穂の小説「暗い朝」は、「二・四事件」を文学作品として描いた唯一ともいえる作品です。同時に、この作品は「二・四事件」によって、青春の愛を引き裂かれたことへの、人間的な抗議の叫び声をあげてもいるのだと思います。

私は今、一つの仮説をもっています。奥田美穂と金井里子を積極的に近づけたのは、里子と同期生であった矢野口波子ではなかったか、ということです。波子が一歳上の金井里子を深く信じていたであろうことは、非合法の「教労」や「新教」（新興教育）に加入を勧め、二人同時に入ったことからも想像がつきます。おそらく奥田美穂と金井里子は、互いに将来を約束し合ったのかも知れません。それが「二・四事件」によって、二人の仲は引き裂かれてしまったわけです。金井里子は、「教労」運動ではほとんど目立つ活動をしていなかったと思います。それは、『名簿』には名前が出ているものの、詳細をきわめた『抵抗の歴史』所収の治安警察の調査資料には、その名が全く出てこないのです。当局につかまれていなかった「教労」組織の一人だったのでしょう。そうした位置にいたとすれば、金井里子が「二・四事件」で、自分の恋人が逮捕されたことについて、何も言えない状況におかれていたであろうことは理解できます。事件後奥田美穂が仕事を求めて上京してしまえば、もはや悲恋の道をたどるしかなかったであろうことは、金井里子の側から見てもわかります。奥田美穂にも金井里子の苦悩は深く理解されたにちがいありません。私がそう想像するのは、奥田美穂が生涯独身であったからです。つまり、奥田美穂は初恋に殉じたのだと――。

この仮説は、ロマンチックすぎるかもしれませんが、そうとでも解釈しないと、今村波子が、晩年に奥田美穂の墓前に立って、次の作品にあるような「長き心掛り」は解けないように思いました。(1)の項で掲げた波子の歌四首をもう一度あげます。

苔やにむしいる墓石にうからと名前連ぬるを見れば悲しき
休む間もなくロケ地に急ぐ発ち際に一杯の冷酒求めし君は
結婚さえ遂に奪いし治維法に怒り新たな烈日の墓前
山の辺に朝霧たゆとう下呂の町長き心掛りの消え去らむとする

この二首目は注釈が必要かも知れません。ここでいう「ロケ」とは、今村波子が下呂の奥田美穂の墓参をした二年前の一九八五年、東京都教組と日本電波ニュース社が製作した記録映画『教室から消えた恩師たち』にかかわります。これは「二・四事件」の関係者が登場する映画ですが、七〇歳半ばをこした奥田美穂が、六〇歳をこえたかつての教え子たちと、肩を並べて小学唱歌「故郷」を歌う場面があり、そのロケの場所に向かう時の、今村家でのエピソードでしょう。

奥田美穂のすでに紹介した次の二首には、若き日の初恋への回想が、うっすらと滲んでいるような気がします。

君が賜(た)びしみそづけうこぎほろ苦く少年の日の伊那が偲ばゆ
浴室に親子対話の声高しかかるまどゐはわれになかりし

(3) 奥田美穂の戦後

奥田美穂は、師範学校を出てから諏訪郡本郷小学校に赴任しますが、「二・四事件」で検挙されたのは、小林多喜二が築地署で殺された翌日、一九三三年二月二一日でした。二一日間ます。

の勾留ののち、三月一一日に釈放されますが、八月に懲戒免職となり、もはや教壇復帰は不可能と考えて、秋に職を求めて上京します。小説「暗い朝」は、この頃を背景として描かれます。

翌三四年二月に、ようやく『教育週報』という小さな出版社に見習記者として採用されました。これが、奥田美穂の生涯かかわることになった教育ジャーナリズムへの出発点でした。以下の記述は、最晩年に月刊雑誌『社会教育』に三回にわたって連載した「社会教育私史」(一九八四年九月号〜一一月号)によっています。このエッセイは、奥田美穂が教育のひろい分野で、どう働いてきたかをまとめた自伝的なもので、奥田美穂の戦前、戦後を知るには得難い資料です。

四年ほど経った一九三八年の末頃、奥田美穂は『婦女新聞』という週刊誌の編集長になります。『婦女新聞』は、一九〇〇(明治三三)年三月に、福島四郎によって創刊された週刊誌です。横道に入りますが、『婦女新聞』に少しふれたいと思います。

『婦女新聞』の創刊は二〇世紀幕開けの前年ですから、当然新世紀を意識したもので、その目標としたものは、良妻賢母主義を基調としながらも、新時代にふさわしい、女子教育による新しい女性像と、社会における女性の地位向上を目指したものでした。ゆるいながらも、進歩の立場に立っていたといえます。この『婦女新聞』によって、明治末期まで「夕ちどり」の筆名で活躍した『明星』派の歌人に、石上露子（いそのかみつゆこ）がいます。「夕ちどり」は『婦女新聞』誌上で、美文やエッセイ、反戦小説「兵士」などを発表し、当時の読者を魅了しました。私事になりますが、この『婦女新聞』時代の「夕ちどり」の活動を中心に、「石上露子と『婦女新聞』――「はがきよせ」にみる現実と非現実」と題した評論を書いたことがあります（松本和男編著『論集　石上露子』所収、中央公論事業出版、二〇〇二年一二月一五日）。

この『婦女新聞』研究がきっかけで、『夕ちどり』『不滅の愛の物語』『長田正平』『石川啄木と石上露子』などの本を書くことができました。『婦女新聞』は私の中では忘れがたいものですが、戦争末期に、同じ信州生まれの奥田美穂が、この『婦女新聞』の編集長だったことを知った時は、びっくりしました。

さて、奥田美穂はその後、古巣の『教育週報』が経営の危機で呼び戻されますが、一九四二（昭和一七）年に明治大学新聞高等研究科に入学、夜間一年の修学を終え、一九四三年三月に卒業します。三三歳で一番年長だったといいます。向学心の強さを物語るものです。

翌四四年に入って、『教育週報』は用紙統制のため、二月で廃刊となります。秋に大日本教育会に入り、ここで宗像誠也と出会うことになります。当時のことは「大日本教育会のころ」（『国民の教育権を求めて――宗像誠也・人と業績』所収、百合出版、一九七二年一月一五日）と題する追悼記の中にくわしく書かれています。奥田美穂は、ここで、宗像誠也のもとで敗戦を迎えたわけです。

戦後、宗像誠也が教育研修所（のちの国立教育研究所）へ転じてしまうと、奥田美穂は、「いつまでも『大日本』の殻をひきずっているような、無気力な空気がいやになって辞表を出してしまった」「大日本教育会をやめた私は、友人の出版事業を手伝ったり、全日本教育労働組合結成の中央委員会に参加したり、一年あまりいろいろなことをした。物不足とはげしいインフレの中で、どう食いつないでいたのか、今振り返ってわれながら不思議に思うくらいである」と、「社会教育私史（二）」で回想しています。この回想の中で「全日本教育労働組合結成の中央委員会に参加」という一節に、注意がひかれました。戦後の日本の教職員組合運動のスタートはきわめて早く、敗戦四ヵ月後の一二月一日に、全日本教員組合（略称「全教」）が、神田の空襲で焼け残った教育会館で結成されました。

「東京都その近県から約一五〇名が参加したが、組合もしくは準備会としての参加は一部であり、そのほとんどが有志または個人の資格での参加」（増渕穣『日本教育労働運動小史』一六五頁、新樹出版、一九七二年七月二〇日）であったといいます。前掲書では、討議の模様を述べ、「四八名の中央執行委員を選出して結成大会をおわった」と書いたあとに、四八名の中央執行委員の名簿が載せてあります。岩間正男、入江道雄、小林徹、関研二など、私がのちに知ることになる人々や、戦前のプロレタリア短歌運動に参加していた渡会秋高もいました。また、中村新太郎、羽仁五郎、新島繁、稲垣正信などの学者、研究者もいて、現在から見れば、実に多彩です。その中に奥田美穂の名前もあったのです。これは、私を驚かせました。前掲書の記録によると、「新教」「教労」関係者は一〇名といいますから、その中の一名だったわけです。

この記録から、奥田美穂が「全日本教育労働組合の結成」といっているのは、記憶の誤まりで正しくは全日本教員組合です。この名称の組織は結成の約半年後の一九四六年五月三日に、激動する社会情勢や教育現場の中で、さらに全国単一組織へ向けて綱領、規約を整備し、体制をととのえて名称を変更したものが全日本教育労働組合です。この時の規約改正で、組合加入資格は、現職教員に限られることになったため、奥田美穂の「中央執行委員」も、約半年間の活動であったということがわかります。教員組合組織は、さらに地域や大学・高専などの学校種別の組合も統一しつつ、一九四六年一二月に「全日本教員組合協議会」に発展し、翌年六月には、いわゆる「日教組」（日本教職員組合）が結成され、全国の教職員五〇万人を統一する組織を誕生させるまでにこぎつけるわけです。

話が脇道に入りましたが、ともあれ、戦後日本の教育労働運動の出発点に、「二・四事件」関係者の奥田美穂の名前を見出したことは、重要なことでした。のちに、七〇年代から二〇年にわたって、激動する日教組運動の中で働くことになった私にとって、ことさらに大きな感動をともなったものでした。このエッセイを書いてきたことによって出会った喜びでもあります。

奥田美穂は、一九四九年八月から、宗像誠也の勧めで、教育研修所での教職員再教育の通信教育、とくに教材編集を担当することになりました。研修所の中ではその部門を担当する財団法人の文民教育協会に主事として所属し、教育研修所の嘱託として、一九五〇年三月まで活動しました。まだアメリカ軍政下におかれた日本の、戦後の民主教育を創出する一翼での活動は多難だったようで、所長の城戸幡太郎のお伴をして、占領軍総司令部のCIE（民間情報教育部）に案件の了解をとりに通ったり、一人で足を運んだことも何度もあると「社会教育私史（二）」では書いています。

一九四九年に教育研修所は、研究を中心とする国立教育所となり、そのため、研修事業は教員養成大学や学部に移されます。通信教育と文民教育協会からやがて日本教育大学協会に移っていきました。一九六一年五月まで同協会の通信教育教材部刊行課長として働きました。

その後、一九六一年から財団法人教育研究所協会主事、全国教育研究所連盟幹事として働き、一九七九年二月に退職します。結局、奥田美穂の戦後の職場は、教育研究所協会、文民教育協会、教育大学協会ということになります。これらの組織は、いずれも国立教育研究所の建物の中にありましたから、「とうとう七〇歳まで三二年間、研究所の屋根の下で働く」ということになったわけです。

五〇歳を過ぎた頃の感懐を「社会教育私史（二）」の中に次のように書き残しています。

私はもう五〇歳をすぎていたので、できれば給料生活はやめて、好きでやってきた文学や教育ジャーナリズムの方で生きたいと考え、それまでに発表してきた短編小説をまとめて出版したり、同人雑誌の仲間と共同執筆の『歴史小説の旅』という二冊の本を出したりした。社会教育関係では慶応大学の山本敏夫さんと共編の『働きながら学ぶには』（一九六二年、新光閣書店）がある。

奥田美穂は、こうした心境にあったものの、一九六二年以降、教育研究所協会の事業がかなりいそがしくなり、さきに記したように、さらに七〇歳まで、働いたわけです。

奥田美穂は、教育ジャーナリストとして、とくに編集者として活躍した雑誌は『教育』『月刊社会教育』を中心に、日本女子社会教育会の機関誌『女性教養』や『国民』など多方面にわたっています。その人とのつながりのひろさは、たとえば上田庄三郎、宗像誠也、宮原誠一などの雑誌『教育』での追悼記を書き、三人の「略年譜」を書いていることからもわかります。そのつながりの強さや深さは、三人にかかわる次のような短歌にも、よく示されています。

かくばかり気がもめるものか上庄の息子不破君にわれは賭けたる
（上田庄三郎氏、一九七三年）

形見のベレかぶりて朝の街に出づ先生のごと強く生きねばならぬ
（宗像誠也追悼、一九七六年）

教育史に永く残らむ三Mのつひの一人も逝きて秋風（宮原誠一氏逝く、一九七八年）

奥田美穂が諸雑誌に書いたエッセイの中で、私の心に残る二篇があります。一つは「私の遍歴」と題した、若き日の本との出会いを回想したものです（『国民』一九七七年一一月号）。「私の生き方に影響を及ぼした最初の本は、啄木の歌集であったろうと思う。——一五、六の少年のころ」といいます。「とにかく私に歌を作ってみようという気をおこさせたのは啄木であり、その思想にもいくらか影響をうけたと思う」と書いています。一九五〇年代の後半に、上田庄三郎が『青年教師石川啄木』（三一書房）を出した時、いち早く雑誌『教育』で書評として取り上げたのは奥田美穂でした。筆者は、上田庄三郎の教育思想と啄木の教育活動の本質、それに自分の啄木観を一つにとけ合わせて書いています。もしかしたら、この書評を買って出たか、と思わせるほど力を込めたものでした。

エッセイ「私の遍歴」(『国民』一九七七年一一月号)の中で強く印象に残った言葉は、「二・四事件」の若き日を回想しながら、「みじめな敗北に終った……転向者としての忍従の十年間」と言っていることです。「忍従」という言葉にこもる感情、思想は、後ろ向きではない、と感じさせるものでした。

もう一つのエッセイは、一九七三年の『女性教養』九月号に載せた、一頁にも満たない「歌碑」という題名のものです。

「読売新聞の論説委員をやっていた福澤準一君が、五五歳で定年退職した。青年時代からアララギの作歌に精進していた彼は、その記念に『帰雁』というはじめての歌集を出した。昭和三八年のことである」と書きはじめたエッセイの中心は、その出版記念会で、福澤の三首の歌を朗詠したというものです。

福澤準一について、私はいろいろと述べてきました。とくに今村治郎の鋭い批判「一八〇度の変心」についても書いてきました。しかし、奥田美穂のエッセイは、それと対極のような友情に満ちたものでした。それは、「転向者としての忍従の一〇年」の幅広い苦渋の感情の上に、奥田美穂は、福澤準一を見ていたのだろうと私は思いました。

乗客の中に帯紅くひとは居つ今乗りし吾を見て立ち来る（一九三〇年＝昭和五年）

この歌を引いたあとに、「彼が結婚したのは、私と同じ山国で教師をしていたときのことである。素ぼくな村娘との恋愛結婚であった」と書いたあとで紅い帯をしめていたその人が「今の夫人であるかどうかは私は知らない、という解説を私はした」といいます。「検定あがりの教師から身をおこした彼は立見出世の人物であった」と奥田美穂は書いている筆さきにも、私には「転向者としての忍従」の現線がやわらかく注がれているのを感じました。

この出版記念会の一年後、福澤準一は胃の手術で入院、翌年ガンで亡くなります。のちに福澤準一の歌碑の除幕式に出張のため列席できなかった残念さを書き、「歌碑のあるところは、私にとっても思い出のある土地である。ぜひ行ってみたいと思っている」で、「歌碑」のエッセイは終わっています。

福澤準一の歌碑を私が訪ねたことについては、すでに、この連載の中で書いてきました。奥田美穂が「ぜひ行ってみたい」と言ったその歌碑を訪れたかどうかは、今は知る由もありません。

退職後は、東京保健生活協同組合理事・雑司谷診療所運営委員として、民衆の保健医療施設の整備・拡充のために力を尽くした。この間、「日本女子社会教育会」評議員、『月刊社会教育』編集委員をつとめた。(「奥田美穂・略年譜」)

病気がきっかけで、自宅に近い雑司ヶ谷診療所にかかわるようになり、一六期一七年間、非常勤理事として「生命とくらしを守る」活動に晩年の力を注いだのでした。老人保健法や健保改悪阻止運動などで、十数回の国会行動に参加「ともに参加した主婦や主夫たちが、回を追って行動的人間に変っていくのをこの目でたしかめたのは、まことに貴重な体験だった」と『社会教育私史』の最終回(『月刊社会教育』一九八四年一一月号)に書いたのは死の前年の入院中のことです。

残生はいくばくならむ病院に七十五歳の誕生日迎ふ

という一首を『私史』の最後に書いていました。

奥田美穂は、一九八五年六月一二日午前九時三二分、東大分院外科病棟三号室で息を閉じました。その死に立会った、雑司ヶ谷診療所主治医の鍬崎信一は、「残した仕事の成就を願う生への執念は、午前九時頃『頬を伝わる一筋の涙』が訴えていた」のを見たのでした。行年七六歳でした。

（二〇一九年一〇月一一日）

第三部

映画『教室から消えた恩師たち』のまなざし

「二・四事件」を扱った記録映画『教室から消えた恩師たち』があることを知り、探して観ることができたのは、つい最近のことです。

この記録映画は、一九八五年に都教組（東京都教職員組合）と、日本電波ニュース社とが共同制作したものです。一九八〇年代、労働戦線の右傾化とたたかい民主的なナショナルセンター確立の拠点となった全国教育文化会館エデュカス東京の図書資料室にその記録映画が保管されておりました。カラーで四〇分の長さでした。

一九三〇年代、治安維持法が牙をむき出して、日本の階級的民主的な労働運動、農民運動、民主運動におそいかかってくる時代背景がはじめに描かれます。そして、恐慌による長野県下における農村の荒廃、とくに子どもたちのおかれた貧困と軍団主義教育の実体が述べられ、それから「二・四事件」生き残りの教師や教え子たちが、つぎつぎ登場して証言する、という構成になっていました。これまで、私が「『教労運動』とその歌人たち」の中で、中心的に取り上げてきた、今村治郎、今村波子、奥田美穂などが、それぞれ若い日に赴任した小学校の前で、当時を語る姿は印象的で、なつかしくさえありました。

奥田美穂がのちに「コスモスの花群ゆるる一カットわが若き日の短歌が出てくる」と詠んだ、一シーンも登場してきました。

みな七〇歳半ばをすぎた老境でした。今村治郎や奥田美穂は、その著作物の中にプロフィールがありましたが、今村波子の映像に出合ったのははじめてです。矢野口波子時代の赴任校の、校門の桜の木に寄って、過ぎたたたかいの日を語っている姿は、私には感動的でした。今村波子が『新日本歌人』の会員で、長く作品を発表し続けていたことは、これまでにも書いてきたことです。その頃、私は日教組の役員をしており、新日本歌人協会の事務局長でしたから、今村波子に会う工夫をすれば、きっと会えたであろうにと、生きて語っている今村波子の画面を見ながら、悔恨しきりでした。今村治郎についても奥田美穂についても同じ思いがありました。どうして、当時の私が、そういう方向に心が動かなかったのか——と思ったりしています。それは、歴史の今を、現実的にリアルにとらえていなかったことによるのではないか——と思ったりもしています。歴史を死者の物語としてではなく、重い過去を負い、生きた人間の作品（短歌）とどう深くつなげながら、短歌の革新ということも、具体的に深めていく、という視点が、創造団体であると同時に、運動体としての新日本歌人協会の役員として、全く欠けていたという反省でした。

このことは、たとえば阿部淑子の短歌作品についても思うことです。阿部淑子は、一九三二年一一月三日に、絶対主義的な天皇制下の治安維持法によって虐殺された、日本共産党の指導者岩田義道が再婚した妻でした。晩年の一九八四年九月に、新日本歌人協会に入会し、以来、五年間にわたり、その稀に見る強靭な回想力によって、終始夫岩田義道のたたかいを歌い続けました。その短歌について、『新日本歌人』の誌上では、わずかに選後評の中で、宮前初子と向井毬夫がごく短く取り上げたのみでした。岩田義道の出身地愛知県一宮市の「岩田義道研究会」と治安維持法国賠同盟に依頼されて、阿部淑子の短歌約一二〇〇首を整理して、意見を述べる機会があった時にも、革新的な短歌をどう継承するかということで、つくづく感じたことでした。

映画『教室から消えた恩師たち』の中の今村波子

奥田美穂の墓を訪ねて

今年（二〇一九年）の五月二五日に、去年から頼まれていた、岐阜県の勤医協結成五〇周年記念の講演会に出かけました。「石川啄木——今につながるまなざし」といった話を一時間ほどしました。

私は、岐阜行きの機会に、古くからの温泉で有名な下呂市に、「『教労』運動とその歌人たち」で書いてきた、今村治郎の盟友奥田美穂の墓を訪ねたいと考えていました。奥田美穂については、すでにあれこれと書いてきましたが、彼の小説「暗い絵」や、美穂の没後に新日本歌人協会の会員だった今村治郎の妻波子が、下呂の美穂の墓前での歌を残していることが、強い印象としてあったからです。

その夜は、広い長良川を眼下に見下ろす大きなホテルに泊りましたが、対岸はちょうど、鵜飼いのシーズンで、にぎわっていました。勤医協の理事で、友の会の事務局長の熊崎辰広さんと対岸のにぎわいを見ながら、しばらく雑談をしました。熊崎さんは岐阜大学の学生の頃、当時の『民青新聞』の「読者歌壇」に盛んに投稿していたことを知りました。私が選者だったのです。一九七〇年代の半ばごろの話です。熊崎さんは、松本労士というペンネームだったといいますが、私の記憶にはほとんどありませんでしたが、奇縁でした。私が下呂行きの話をすると、熊崎さんが車を出してくれることになりました。あとで知ったことですが、下呂への道は、山の中を二時間半も走った所で、私としては大変助けられたわけです。

翌日八時半、約束どおり、ホテルに迎えにきてくれた熊崎さんの車で、下呂に向かいました。長良川が谷川となって狭まるのを見ながら、緑の山中を車は走り続けました。「目的地です」というカーナビの声で、この辺りで降りて探しましょうと熊崎さんが言うので、車を降りると、何と、そこが目指してきた奥田美穂の弟の貢穂(みつほ)さんの家の玄関先だったので、びっくりしました。

貢穂さんには、岐阜に出かける前に、はじめての電話をして、日曜日のおよそ午前中ぐらいにお訪ねしたいと連絡をしておきましたが、玄関はカギがかかっていました。貢穂さんは腎臓が悪く、週三日透析に通っていると聞いたので、私は訪問することの危惧を伝えたところ、日曜は大丈夫だと貢穂さんは、電話の向こうで言ったので、墓地を教わることと、何か美穂についての話が聞ければ、と思っていたのでした。何回か玄関のベルを押すとカギがあき、貢穂さんらしき人が顔をのぞかせ、しばらく待って玄関に入りました。私は熊崎さんを紹介しました。熊崎さんの生家は下呂だったことから、貢穂さんと共通の知人の話にすぐつながりました。

「家内が出かけていて、どうしようもない」とこぼしながら、貢穂さんは玄関先の小さな板の間に座り、私は立ったままで、貢穂さんの兄美穂についての思い出話をいろいろと聞いたのです。貢穂さんは、小柄の人で、とても透析をしているとは思えない元気さでした。その時、「古いけど」と言って貢穂さんからもらった名刺には、「下呂中学校教諭」とあり、私はこの時はじめて貢穂さんが教師であったことを知りました。この地域で、「九条の会」の活動家に、やはり熊崎さんという人がおり、貢穂さんの教師時代の親友であり、私を案内してきてくれた岐阜の熊崎さんの遠い親戚とのことでした。そういえば、玄関先の右手に「九条の会」の立て看板がありました。話が一段落したところで、私たち三人は奥田家の墓地に向かいました。

奥田家の墓地は、下呂駅のすぐ裏側のような位置にありました。貢穂さんの「右」「左」という適確な指示で、車は十分たらずで、本願寺系の東光坊という寺の墓地についたので

奥田美穂の墓前で。著者（右）と貢穂氏

した。大きな本堂の裏手にある敷地の塀沿いに、三列ほどの墓石が並んでいて、残りの敷地は駐車場になっていました。

墓には、新しい花が手向けてありました。私たちが来るというので、貢穂さんの奥さんが今朝来て、お墓掃除とお花を供えたものであることを知りました。花屋など見つけられそうにない、はじめての下呂の町で、車の中からそれとなく花屋を探していた私にとって、この新しい花は、心温まるものでした。私と熊崎さんと貢穂さんも、それぞれ墓前に手を合わせました。墓地は、美穂の父親が買い、墓石は美穂が建てたとのことでした。貢穂さんは、何回も私に「美穂も喜んでおります」と言った言葉が忘れられません。美穂と貢穂さんの二人は母親違いであること、二人は二五歳も年が離れていること、今でも兄の美穂を誇りに思っていることなどを知ったのも、この下呂訪問によってでした。

私は、長野県の教労運動への弾圧――「二・四事件」で不屈の女教師今村波子が、一九八七年の夏頃にこの墓を訪れ、「奥田美穂氏の墓参り」と題した短歌四首を『新日本歌人』（一九八七年一〇月号）に発表したのを、あらためて思い起こしました。

苔ややにむしいる墓石にうからららと名前連ねるを見れば悲しき
結婚さえ遂に奪いし治維法に怒り新たな烈日の墓前
山の辺に朝霧たゆとう下呂の町長き心掛りの消え去らむとする

私は貢穂さん宅で、気にかかっていた美穂が生涯独身で過ごしたことの理由をそれとなく尋ねました。貢穂さんは、いとこに「しゅう」という恋人がいたと話してくれました。貢穂さんの話は、このしゅうさんの話よりも、若くして死んだ美穂の弟妹たちの、こまごまとした話に及んで、私の質問からそれていってしまいました。

私はこの連載エッセイの中で、奥田美穂の小説「暗い朝」をめぐって、今村波子の歌なども引きながら、奥田美穂が独身を通した生涯について、「初恋に殉じた」という一つの仮説を述べました。貢穂さんの話を聞きながら、私はいささか動揺しながらも、やはり私が立てた仮説のほうが、現実感があるという思いを墓前で深めていました。

貢穂さんは、そんな私に、何回目かの「美穂も喜んでおります」という言葉をかけてくれました。

下呂の奥田美穂の墓参りがきっかけとなり、帰ってから何回か国会図書館に通って美穂関係の資料を探しました。資料は私の予想に反して夥しいものでした。これは、と思うものだけでも五〇件近くありました。とくに、私も身近にしていた戦後の雑誌『教育』や、『社会教育』をはじめとして、上田庄三郎や宗像誠也、宮原誠一といった教育学者の追悼記や、その略歴作成など、多くの教育評論、社会評論、エッセイ、短歌など、多彩なものでした。それは、まぎれもない教育ジャーナリストとしての姿を思い浮かばせるものでした。

そうした資料を探しながら、奥田美穂のもっとも親しかった友人が、酔えば「ムネさん」と呼んでいたという、戦後の民主教育とその運動に大きな足跡を残した元東大教育学部長の宗像誠也であったことは、私にとって大きな驚きでした。奥田美穂が、遺稿集『生活と短歌』に載せた小さなプロフィールでかぶっていたベレー帽は、宗像誠也愛用のもので形見となったものといいます。

二人の交友の深さは、雑誌『教育』の一九七〇年八月号、「宗像誠也追悼号」に寄せた奥田美穂の「易水の賦—宗像さんの死を悲しむ—」と題した、二頁に満たない短いものながら、真情の溢れた一文からも知ることができます。

気力でがんばるんだと言って、最後まで生きる苦闘をつづけたのに、宗像さん、あなたはほんとに逝ってしまうのか。

と、奥田美穂の追悼文は、はじまります。

壮年のころのある時期、僕らは「なすび」のかんばんまで飲んで、線路に沿った道を池袋の方へ歩いては、あの踏切りのところで別れるのが例でしたね。あなたは左へ、ぼくは右へ、ある時、その別れの地点でぼくが「風蕭々として易水寒し、壮士一たび去ってまた還らず」という荊軻（けいか）の歌を口にすると、あなたもそれを思い出して、その後、踏切のところにくると、どちらかがその詩を口にする習慣になり、いつかその地点を易水と呼ぶようになりましたね。その易水がほんとにやってこようとは！　僕の心には、いまほんとうに蕭々たる風が吹いている。そして、その風の中で何度もくりかえす。「壮士一たび去ってまた還らず」

奥田美穂の追悼文の中で、私が心を打たれた一節です。「なすび」は、目白駅近くにあったスタンドバーのような所で、美穂は、ここには目白の文化村あたりから出てくるインテリや、歌の好きな青年、学生が集まってさわぐ所で、もう高校を出たような子どもがいるのに、三十そこそこのような顔で、てきぱき切りまわしているマダムのきっぷで人気があったのだと、「一本のビール」という小説の中で書いています。

宗像誠也も奥田美穂も、ともに酒好きで、声がよく歌好きだった共通項をもちながら、人間的な深い心の交わりのようなものを感じさせます。

戦前・戦後のある時期、大日本教育学会で宗像誠也は研究部調査課長として、奥田美穂はその課員として机を並べていました。

――易水の賦とは、二千年以上も昔、中国戦国史の時代に、詩人荊軻が燕の太子丹に頼まれ、泰の始皇帝の刺殺に向かい、失敗して殺されてしまいますが、易水の川のほとりで太子丹と別れる時に荊軻が詠んだ別離の詩のことです。

これは、奥田美穂と宗像誠也をめぐるエピソードの一つです。

いずれにしても、「二・四事件」にかかわった奥田美穂について、これまで私は、その活動空間として、南信濃の伊那谷を強くイメージしていましたが、それがきわめて矮小化されたものであり、認識不足であったことを思い知らされました。

その意味で、私にとっては下呂訪問で貢穂さんに出会えたことは、「二・四事件」の戦後的受け継ぎと発展ともいうべき問題として、私の視野をひろげるものとなりました。


私はこの稿の中で、奥田美穂の小説「暗い朝」(『新日本文学』一九五七年九月号)を取り上げ、作品の主人公が「二・四事件」で、初恋が断ち切られたことにふれ、美穂が生涯独身だったのは、この初恋に殉じたものであろうと仮説を立て、その傍証として今村波子の短歌もあげました。しかし、下呂に行き、私の考えが単純すぎるのではないかと、仮説は動揺し、もしかするとひどい見当違いをしているのではないかと考えだしました。

その理由は、下呂で、貢穂さんが兄美穂には許嫁の従妹に「しゅう」という恋人がいて、美穂の妹と一緒に県立飯田高等女学校に通っていた、と語った短い話がきっかけでした。

貢穂さんのこの話は、美穂の小説「暗い朝」から描いた私の仮説について、もう一つ異なる角度を示すものであった——という問題でした。


その後、奥田美穂の戦後最初の短編小説集『絵の記録』(新光閣書店、一九六二年一一月一〇日)を手に入れました。この小説集には六編が収められており、その中の短編「影絵」が、どうやら貢穂さんの言った「許婚の徒妹」を題材にした小説のように思いました。「影絵」は、小説「暗い朝」を発表した一年後に、同じ『新日本文学』（一九五八年九月号）に書いたものです。

ついでながら、『絵の記録』の装幀は、宗像誠也の描いた泰山木の花の絵で飾られていました。宗像誠也は若い頃曽宮一念のもとで絵を学び、絵が上手であったことはよく知られています。また、この泰山木は花好きな宗像誠也の自宅の庭に植えられていたものであろうと思われます。

小説「影絵」は、主人公相木計夫（かずお）の父良介の葬式の場面からはじまります。相木は一五年前に別れた許婚であった従妹の則子が必ず来るだろうと、薄れかけていたはずの彼女のおもかげを生きいきとよみがえらせながら、言葉を交わそうと待ちかまえていました。しかし、葬儀のごたごたの中で、二人で話し合う機会はついにありませんでした。則子は昔の面影はなく、わびしくやつれ果てていました。相木は一五年の歳月を振り返るのでした。

則子は、通学の便から伯父である相木家に同宿し、相木の妹で同学年の安子とS県立女学校に通っていました。相木計夫は中学を卒業して師範学校に入ります。母親は早く亡くなり、父は再婚したので、三歳の弟もいました。継母と安子の微妙な心理のからみ合いがある中で、相木は則子を次第に異性として意識するようになり、愛情が急激に深まっていきます。そして、相木と則子は相愛となって結婚を誓います。そうした時期に、両家に激変が訪れます。女学校を卒業した則子は市役所に勤めていましたが、実家の母親が心臓病になったため、生家に戻っていきます。相木は師範を卒業したのち、綴方教育事件で検挙されてしまいます。新聞が「アカだ」「非国民だ」と書き立てる中で、則子の父親は一方的に結婚を取り消してしまいました。

則子は親のすすめる結婚をしますが、夫が交通事故で急死したため、生家に帰ります。そして何年か後に、親子ほども年のはなれた木材業者の後妻に入ります。相木は、半年も未決で留置場に入れられ、重い脚気でようやく釈放になった頃、則子はすでに結婚して手の届かないところにいましたが、相木の心の中には、まだ則子が生きていました。

則子は、木材業者の家で女中のような労働を強いられ、年が近い先妻の子どもたちにいつも泣かされていることなど、相木の耳にも入ってきました。

——そして、敗戦をはさんで一五年後、父の葬式での相木と則子の出会いと、その心境の変化を、小説「影絵」は追います。則子は葬式の次の日、火葬場にも来て、昔世話になった伯父良介の骨を拾います。しかし、ここでも一五年間の感情のありかたが、二人の間では全然くいちがっているのでした。相木は、一五年間抱き続けてきた則子のイメージが、無惨にくだかれてゆくのを感じたのでした。

小説「影絵」は次の言葉で終わります。

相木はその夜、潮のひいたあとのように妙に空疎な家で、ひとり晩くまで酒を飲み、酔い痴れて泣いた。

この小説の底を流れるものは、軍国主義が最高潮に狂った時代が生んだ、非人間的なものへの強い憤りがひそんでいるように思います。その点で、前作「暗い朝」に通ずるものがあります。しかし、作品のもつ現実感、緊張感や、主人公の感情表現などを含めた作品があたえる感動は、「暗い朝」のほうが「影絵」よりはるかに勝っていると思います。それは、小説が素材とした現実世界の力の強さにもよるのではないかと思ったりします。

こう考えてくると、貢穂さんの「許嫁の従娘の恋人」説に動揺した私は、振子のようにもう一度私の仮説に戻るのを感じました。

「易水」の踏切りあと

大きな惨禍をもたらした台風一九号が遠く北に消えた数日後、奥田美穂のことを書きながら、気にかかっていた「易水の別れ」の踏切りを探しに出かけました。
前節の「奥田美穂の墓を訪ねて」の中で、私は著名な教育学者宗像誠也の死を悼む雑誌『教育』の追悼号に寄せられた、奥田美穂の追悼文「易水の賦―宗像さんの死を悲しむ―」の一文について紹介しました。

――それは奥田美穂の壮年の頃。酔えば「ムネさん」と呼ぶ飲み友だちの間柄だった、著名な教育学者の宗像誠也と奥田美穂が、目白駅近くの酒肆(しゅし)「なすび」でカンバンまで飲んだあと、池袋方向の線路に沿った道を歩いて、「あの踏切りのところで別れるのが例」

だったと言う。ある時、その別れの地点で、奥田美穂が、荊軻の詩「風蕭々として易水寒し、壮士一たび去ってまた還らず」を口ずさんだ事があって、その後、別れの踏切りにくると、どちらかがその詩を口ずさむようになり、二人はいつかその踏切りを易水と呼ぶようになった――

私はまず、線路に沿った道を歩いてみました。JRの山手線はビルの四階から見下ろすほどの谷間の下を走っており、二、三〇〇メートル先には高架橋がかかって私鉄の電車が走っています。この高架橋の少し手前から道はやや急な下り坂となり、高架橋をくぐった先のほうでようやく線路と水平な位置まで下る、という地形です。

この線路沿いの道は、四〇年ほど前までは私有地を通る私道であったため、戦後ずっと舗装もされず、ガス、水道、下水道工事はもちろん自動車も通れない所だったといいます。そこで一五人の人びとが一八〇万円をつくり、それを地主に払うことによって、地主が豊島区に土地を寄付することでようやく公道になったという経過を書いた「昭和四十四年四月一日」の日付の説明板が、駅から少し歩いた線路側の道脇に立てられていました。宗像誠也と奥田美穂が、ほろ酔い機嫌で「易水」の踏切りに向かって歩いていったのは、この説明板から考えると、舗装もされていない私道の時代だったのだと思われます。

踏切りとは道路と線路が水平に交差する位置関係のはずだから、踏切りがあったのは、当然高架橋より先の地点ということになります。山手線の線路と坂道が水平になる場所は坂道を下りきった少し先のほうで、ほぼ線路と道路が水平に並ぶのです。

台風で痛んだ店の看板を直していた七〇歳位の初老といった感じの人に、踏切りのことを聞いてみました。運よく古くからの地元の人で、踏切りはすぐそこにあった、と高架橋の方向、坂道が下りきったあたりと教えてくれました。私はついでに「なすび」のあった場所も聞いてみました。「聞いたことがあるな?」と小首をかしげましたが、ついに思い出せませんでした。その人は、私のメモ帳に学習院大学と反対側の駅の付近に、かつて飲み屋街があったと、そのあたりを丸で囲んで、「このあたりは一〇年ごとに変わっている」と言いました。

私は二、三日後に、また「易水」の踏切りあと探しに出かけました。一回目で私が見落としたのは、宗像誠也は左に、奥田美穂は右に別れた、という踏切り付近の道路状況でした。奥田美穂の「壮年」の頃の居住地は、「豊島区雑司ヶ谷二―一三―一二」でした。それは、「山根さん」という人の下宿だったことは、下呂に行った時、美穂の弟の貢穂さんが話してくれたことです。その位置は、JR線をはさんだ反対側であることは、大ざっぱな地図で見当をつけていました。スマホなど巧みに扱えない九一歳は、目白の駅前で軽自動車のようなタクシーを見つけて乗り、カーナビを頼りに目指す場所に行こうと思ったのです。

タクシーの運転手は親切な人でした。「ナビどうりに行きます」と言って、やがて入りくんだ道の狭い住宅地に入っていきました。小さな軽自動車のようなタクシーがどうしても曲がり切れないような所を、何回も切り返しながらようやく通り抜けた所もありました。タクシーが走り出した小道の左側に寄った老婆が、不安そうに体を固くしているのが見えたりしました。

「ここら辺りですね」と運転手が言ったあたりは、やや古い住宅地で、車などはおそらく入ることがないだろうと思うほどの、少しのぼり坂の所でした。私は、人や建物を訪れるわけでなく、目当ての番地に近いあたりの雰囲気がつかめれば、それでよかったのです。全く同じ番地の赤いポストがありましたが、もちろん「山根」ではなく、「伊藤」と出ていました。何か尋ねてみたい、という衝動がありましたが、半世紀も前のことを浦島太郎のように聞いてどうなるものでもないだろうと思い返し、タクシーを迷路のような住宅地から脱出して、目白駅に戻してもらいました。

「あなたは左へ、ぼくは右へ」と奥田美穂が宗像誠也の追悼記の中で回想した「易水の賦」の踏切りは、私のイメージの中でたしかな形となってきました。

その踏切りのあったとおぼしき辺りで、アキノキリンソウが電車が通るたびに揺れていました。この踏切りの所で、宗像誠也は左へ（宗像誠也は当時豊島区目白町四—六三に住んでいた）、そして奥田美穂は右へ、つまり踏切りを渡って、あの曲がりくねった住宅地の中の、一人住まいの自分の家に戻っていったのでした。

私は、奥田美穂の宗像誠也追悼記が、心情の深いものであることは、前に述べました。昜水の別れの文章の一節にこもる哀感は、宗像誠也と別れて帰った先の一人住まいの寂寥感も重なってはいなかったか、と今では思います。

手前あたり「昜水」の踏切り跡。その奥は目白駅へ

目白駅の改札口にいた高校生のような若い女性職員に、思い切って高架橋がいつ頃できたのかを尋ねました。若い女性職員はすぐパソコンを操作して調べてくれました。ひっきりなしに乗客が、あれやこれやと運賃などの精算に来る忙しさの中でしたが、嫌な顔もせず画面の中で探し続けてくれました。

「二〇〇五年です」と、彼女は窓から改札の外にいる私のほうをのぞくようにして言いました。つまり、踏切りが廃止されたのも二〇〇五年ということになります。おそらく、池袋や新宿の開発が急速に進み、山手線の運行が急増して従来の踏切りでは危険きわまりない状況になったためだと想像がつきます。踏切りは「長崎道の踏切り」と呼んだといいます。長崎道とは、池袋の長崎辺りに通ずるかと思いました。

私は、何のイメージも呼び起こさない「長崎道の踏切り」などよりは、「易水の賦」の踏切りのほうが、はるかに詩的であると思いました。紀元前の中国戦国時代の話——、詩人荊軻が、燕の太子丹に頼まれて、秦の始皇帝の暗殺に向かったものの、失敗して殺されます。荊軻が太子丹と易水の川のほとりで別れた時に詠んだ詩が、これまで繰り返し書いてきた易水の賦でした。

　　風蕭々として易水寒し、壮士一たび去ってまた還らず

宗像誠也と奥田美穂がどんな調子で吟じ合ったかは知るよしもありませんが、ありし日の二人を追う私の前に、アキノキリンソウが、山手線の通過で、また、はげしく揺れました。

（二〇一九年一〇月二三日）

第四部

治安維持法時代の教育のたたかい

インタビュー・藤原晃さんに聞く

教育に光を求めて
――暗黒時代の教育労働運動

一九九二年のよく晴れた信州の晩秋の一日、戦前の教育労働運動の先達の一人、藤原晃さんを訪問した。一九九一年の夏、長野市で開催された全国学習交流集会の閉会集会で、八五歳の藤原さんがあいさつに立ち、一九三〇年代の嵐の時代に、どのように教育の場でたたかったかを語り、参加者を激励したことは、記憶に新しい。

藤原さんの生家は、長野県の北部、東筑摩郡麻績(おみ)村にある。島崎藤村は『夜明け前』を「木曽路はすべて山の中である」と書き出しているが、藤原さんの家もいかにも山の中という感じである。ＪＲで、新宿発中央線は松本で、上野発信越線なら長野で、いずれも篠ノ井線に乗りかえ、聖高原駅で下車する。以前この駅は、麻績駅といった。しかし、読みが難しく、また、聖湖を中心としたリゾート地開発のイメージづくりの上からも改名した方がよい、ということになって、現在の駅名になったのだという。

麻績村は、昔から北国西街道に沿った宿場町であった。藤原さんの家は、この村のはずれにあって、街道からそれて山側へ少しのぼったところにある。

八六歳の藤原さんは、いかにも旧家らしい一番奥の一〇畳の部屋に、炬燵をおき、石油ストーブで部屋をあたためて待っていてくれた。

藤原さんは、一九〇六（明治三九）年に生まれた。話はそのあたりからはじまる――。

――私がもの心がついた頃、この辺一帯、長野県全体も養蚕業が盛んでした。友だちは、小学校四年が終わると、一〇歳をいくつも出ないのに、製糸工場に糸くり工女で出ていきました。いくらかでも現金収入を得るとい

藤原晃さん（1992年秋）

うことよりも、口べらしのためのほうが強かったように思います。

この少女たちの働きにいった製糸工場は、それこそ過酷な労働で、寮の設備なども全くの不備だったのです。伸び盛り、働き盛りの頃になると、きまったように結核になります。その頃は、結核といえば治療方法もなく不治の病でした。私の友だちなども、正月、家に帰ってくると、そのまま家に居ついて、暖かくなっても綿入れなど着て、軒下につっ立っていたりしました。その頃の私は、どうしたのだろう？　と、不審に思っていたのです。製糸工場に働きにいって、肺結核になったんだ、ということは、その後に知ったことです。私の生まれた、この小さな部落でも、結核で死んだ人が実に多かったのです。

これは、長野県の貧しい農山村の一般的な状況だけでなく、県境を接した岐阜県においても、『あゝ野麦峠』（山本茂実）に描かれているような、飛騨の少女たちのたどる哀切をきわめた運命があった。さらに、長野県と北西に境を接する富山県においても、一二、三歳の少女たちの信州製糸工場への出稼ぎの話は古い。「風の盆」の越中おわら節で有名な、八尾あたりを中心として、越中の少女たちが、飛騨の少女たちよりもさらに長い海上や雪中の道を「野麦越え」していった事実は、富山県出身の横山源之助著『日本之下層社会』の中にも描かれている。

近代日本の資本主義は、こうした若年労働者に、それこそ無惨な犠牲を強いながら発展していったのである。後年、藤原さんが教師となり、権力の弾圧に抗して事実の教育を追求していくことになる、その思想の底に、若くして結核で死んでいった村の少女たちの姿や、背中に赤ん坊をくくりつけて教室に来ていた友だちの姿が焼きついていたのではなかろうか。それは、社会の不合理と、貧困の現実をまざまざと示していたからである。こうした少女たちにくらべれば、藤原さんの少年時代はまだしも幸せだったといえるかもしれない。家は地主で、子守女や作男がおり、父親は教師（のち、校長）だったからである。幼い藤原さんが、かなりの優越感をもつようになったことは想像に難くない。しかし、小学校時代に家は急速に没落していく。

「おやじが道楽者だったので――」

と藤原さんは言う。父親が「料亭通い」を始めたからである。高等小学校を終わった藤原さんが、師範学校へ進学したのは、教師を〝天職〟と考えたというようなことではなく、当時の師範学校は学費がいらなかったからである。

一九二二（大正一一）年、藤原さんは長野師範に入学した。

――大正デモクラシーの雰囲気は、村の小学校にはほとんどありませんでした。しかし、師範学校はちがっていました。寮は自主的、自治的に運営されたし、先生たちもそれぞれ個性をもっていました。一年生の時は教科書を使ったが、二年生からは、数学、物理などの他はほとんど教科書を使いませんでした。いずれも高度な内容で四苦八苦です。もともと私は、内気でおとなしい、弱い性格でしたから、師範ではびっくりしました。人間の尊厳とか個性の尊重などを主張する雰囲気があったからです。

当時の長野県の教育界には、いくつかの特徴がありました。

一つは、「白樺」派の影響です。雑誌『白樺』は、一九一〇（明治四三）年四月に、武者小路実篤、志賀直哉、柳宗悦などによって創刊されました。一九二三（大正一二）年の関東大震災で廃刊になりましたが、「白樺」派は、自己を生かすことで、広く人類の希望を実現することを目指し、端的に自由をおう歌したのです。この雑誌『白樺』がもっともよく売れたのが、全国では東京についで信州でした。多くの青年教師たちの心をとらえていったのです。師範学校の生徒の中にも、たくさん『白樺』読者がいたようでした。しかし、私は、師範に入った頃は世間の動きにうとく、気がつきませんでした。

のちになって、「白樺」派といわれた教師たちの動きは、時に独善的で、社会に対する批判精神に欠け、専ら人間の善意を信じて、理想社会を夢みるといった状態であることを知りました。「白樺」派教師たちの教育は「気分教育」だと批判されたものです。

藤原さんが、「白樺」派の教育に厳しい批判を語ったとき、一九一九年二月に起こった「戸倉事件」が一つ念頭にあったであろう。戸倉というのは、信越線に沿った温泉で知られた町であるが、その戸倉小学校に九名もの「白樺」派教師がいて、自由奔放な教育が行われていた。たとえば乃木大将の顔を下ろして、トルストイやミレーの顔にかえ、修身のかわりに「噫無情」を一年近く読むといった具合である。甲、乙の評価も文章評価にかえたり、成績表なども生徒を傷つけるものだと主張したというから、村人にとっては、まさに破天荒の学校と映ったのも無理はない。ついに県議会でも問題となり、リーダーの赤羽王郎など二名退職、一名休職、その他はほとんど転出処分となったのが「戸倉事件」である。

武者小路実篤に「かちかち山」という童話劇がある。「戸倉事件」が起こる二年ほど前の執筆である。これには、「この一篇をある小学校の先生に」という献詞がつけられているが、この「ある小学校の先生」とは、「戸倉事件」の「白樺」派教師赤羽王郎のことである。

赤羽王郎や、若い「白樺」派教師たちは、こうした作品で、劇のとりくみをしたり、子どもたちにも読ませたりした。「白樺」派教師たちの教育実践に、科学的な理論や体系的なカリキュラムがあったわけではないから、藤原さんの言うように、かなり「気分的」「気まぐれ的」なものであった。もし、父母の教育要求に根ざし、その支持を獲得していこうとする組織的な運動論と、子どもの発達段階全体を視野におさめた、何ほどかの系統づけられた教育論とがあったならば、「白樺」集団は、その情熱にもかかわらず、一年もたたずにあえなく四散するような事態にはならなかったにちがいない。

この問題は、のちに藤原さんをリーダーとする、治安維持法下の長野県での教育労働運動の展開に重要な教訓となったであろう。

藤原さんは言葉を継いだ。


――当時の長野県教育界は、また、キリスト教の影響もかなりありました。明治のキリスト教界に大きな足跡を残した、植村正久を恩師とした、松本の手塚縫造や長野の小原福治などの影響は注目すべきものでした。

さらに「アララギ」派の教師も多かったのです。有名な「アララギ」派の歌人島木赤彦（本名・久保田俊彦）は、小学校長などののち、明治末年に諏訪地方の郡視学となりました。その後、大正六年から約三年間、信濃教育会の雑誌『信濃教育』の編集主任となり、長野県の教育界に大きな影響をあたえました。

島木赤彦の考え方は、きわめて儒教的なものでした。彼は雑誌『信濃教育』などで、熱心に精神主義的な教師論を展開し、〝聖職意識〟を強調しました。そのための〝求道的〟

実践として、鍛錬道、一心集中の道、犠牲道などをかかげたのでした。

これらの〝道〟についての詳しい説明は避けますが、こうした方向は、教育を社会から切り離し、教育は教育者の独壇場であるかのごとく思い上がった思想をひろげ、また教育者の生活、生きる権利を認めようとしないものでした。まことに、体制側には都合のよい考え方といわなければなりません。ですから、たとえば女性観などについても、差別的、蔑視的な考え方が濃厚だったのです。

こうした「白樺」やキリスト教、「アララギ」などの教育への影響などを反映して、長野県では、哲学の研究がとても盛んでした。デカルトによる「考える自己」「思惟する精神」を基本にした「我の自覚」「個性の尊重」などが人びとをひきつけていました。ところで、このような大正デモクラシーの〝進歩的〟な空気の中でも、「万世一系の天皇を戴く」日本の「国体の尊厳」なるものに対する批判はありませんでした。「自由」といい、「個性」という言葉も、結局、「国体の尊厳」を肯定した上でのカッコつきのものでした。

しかし、私は師範学校時代、このことについて深い疑問をまだ持ちませんでした。卒業後も一、二年は、この問題について特別に考えることもなく、ただただ子どもたちを大事にするということで一生懸命でした。

藤原さんが、諏訪の永明小学校に赴任したのは、世界恐慌が起こった翌年、一九二八年（昭和三年）であった。この永明小学校は、のちに藤原さんが転任させられた諏訪の高島小学校とともに、戦前の長野県における教育労働運動のもっとも強力な拠点となったところである。ちなみに、この高島小学校は、「アララギ」派の歌人土屋文明が「こころざしつつたふれし少女(おとめ)よ　新しき光の中におきておもはむ」と歌って追悼した、諏訪高女時代の教え子、伊藤千代子が二年間代用教員をしていたところである。伊藤千代子は、天皇制権力の弾圧によって、二四歳の若い命を奪われた日本共産党員であった。藤原さんが転任する八年ほど前のことである。

――永明小学校に赴任していった頃は、学校は荒れ放題の状態でした。私を含め、若い良心的な教師たちは、デモクラシーの思想で、子どもの教育に打ち込んでいきました。子どもの心を育てるために、創造的なとりくみを進めていこうとしたのです。しかし、校長の、形式主義で結果さえよければいいという考えと、次第にぶつかるようになりました。私たちはよい結果を生むためにも、そのとりくみの過程をこそ重視しなければならないと考えたのです。

こうした形式主義と自由主義の衝突が端的にあらわれたのは、私の師範学校在学中の大正一三年九月に起こった「川井訓導事件」でした。川井訓導は、松本女子師範付属小学校の修身科研究授業で、森鴎外の「護持院ヶ原の仇討」を使い、教科書を使わなかったことが大問題となり、とうとう辞職に追い込まれた事件です。

川井訓導は、「白樺」派の教師でも、教科書否定論者でもなく、当時の信州教育の一般的傾向にしたがったものでした。もちろん、研究授業ですから、上司にも相談してのことでした。この事件を大きなきっかけとして、長野県はもちろん、日本の教育は、いっそう官僚主義的で、あからさまな反動教育の方向へつき進んでいきました。

永明小学校での私たちの教育は、形式主義的な教育に反対し、子どもを大事にし、子どもの自由を大切にしていく、という信念でとりくまれました。

たとえば放課後、教室、校舎のぞうきんがけがありました。這いつくばって拭くのですから、子どもには大変な労働でした。そこで棒ぞうきんを考え出したのです。ところが校長は、廊下を這って拭くぞうきんがけのほうが、苦労であっても人間が磨かれていくというのです。掃除の結果に点をつけるなどというのも、教育の本質からははずれたことです。

高島小に移ってからですが、ランドセルがつくられた頃で、その採用の是非が職員会議で議論されました。子どもの姿勢の上からも、両手があいて自由になるという点からも、私たちは賛成しました。ところが校長は、ランドセルダメ論で、流行にすぐ飛びつく精神がなっていない、というわけです。

こうした問題を数え上げたらキリがありません。子どもが職員室に来る時は、ノックする、中の人の了解を聞くなど、礼儀手順をこと細かにうるさく言う指導でした。私たちは、子どもにとっていちばん大事なのは、自分が思っていることを率直に言える雰囲気をつくることだと考えました。その上で、言葉づかいや頭の下げ方などを教えたほうがよいと思ったのです。それに、先生が子どもたちと遊ぶことがなかったのです。

明治一二年に、天皇の名によって出された「教学大旨」にも、小学校はまず形から叩き込むと書いていますが、これは間違いです。どんな子どもも、合理性が認められなければ納得できず、また自信もわいてきません。外から有無を言わさず、形という一定の枠をかけているやり方、現在でいえば管理・統制の強化は、教育の条理にまったく反しています。

当時、学校の中にも地域ブロックにも、さまざまな教師の研究会があった。それらはすべて天下りであった。藤原さんたちは、研究会とは本来、教師の自発性・自主性にもとづくものであり、そのテーマなども皆で相談し、関心のあるものをやるべきだと考えた。そんな立場から、天下りの「論語研究会」をボイコットして、校長から大目玉を食ったこともあるという。藤原さんは、研究会がいけないのではなく、運営、内容を民主的にせよ、と主張したのである。

永明小学校にいた二六名～二七名の全職員をいくつかのグループに分け、好きな教科の研究会にしていった。校長との対立がますますひどくなっていった。

恐慌の波は深刻に押し寄せてきていた。地域の農村青年たちも、社会問題に次第に強い関心を示しはじめていた。

――私たちは、研究会を再組織しました。社会主義の勉強も幅広くできるように、校長ともかけ合って了解を得たのです。学校は地域の文化センターであり、教師は地域での指導的立場にもありましたから、社会主義のことを質問されて、答えられないようでは困るではないか、という私たちの主張に一理あったからです。

社会主義を勉強するうち、人間の問題が、実に具体的に理解できるようになりました。教育の解放も、これでできると確信したのです。この社会主義の観点で教科書を見ると、まったくデタラメばかりなのがよくわかりました。すべてが「天皇のために」と方向づけられ、結論づけられていたからです。

永明小学校に赴任して二年目（一九二九年）頃から、私の教育実践も本腰が入ってきたように思います。科学的社会主義の立場に立ってつくづく考えると、天皇中心主義の思想にだまされ、踊らされてきた自分が恥ずかしく、子どもたちへのすまない思いでいっぱいでした。今度こそは本当のことを教えよう、事実はこうなんだ、ということを何とかして子どもたちにわかってもらいたいと痛切に思ったからです。

子どもが、自分たちをとりまく現実・生活を素直に見つめ、それをつきつめてその仕組みを理解し、解決の方向を見出すようにすることがきわめて重要でした。そのために、具体的な目標を立て、これを基本としてとりくみをはじめたのです。それは、次の三点でした。

㈠、真理を発見し、勇敢に真理を守りうる考える人間

㈡、正しいことは実行する、行動力のある人間
㈢、深い友愛、同志愛にもえた情熱的な人間
この基本方向に沿って、私はとりくみを強化していきました。五年生の修身科で行った、私の「三つのリンゴ」の実践もその一つです。「三つのリンゴ」とは、⑴聖書の創世記のアダムとイブの禁断の実としてのリンゴ、⑵ニュートンの万有引力のリンゴ、⑶スイス人民戦線——共和国設立のきっかけとなった、ウィリアム・テルの弓の的となったリンゴ、の三つを指します。このように三つのリンゴを並べてみると、一つのリンゴでも、もののの見方によって歴史的にも大きな真理を生み出しているのです。食べるとうまいリンゴも、見方によって偉大な力を発揮するものであって、多面的、全体的にものを見ることの大切さを子どもたちにつかんでもらいたいと考えたのです。

修身の時間、教科書はほとんど使わず、自主教材が中心でした。しかし、いつ校長が授業を見に来るかわかりませんし、川井訓導事件のこともありますので、子どもたちに教科書だけは机の上に出させておきました。

藤原さんは、そういって笑う。しかし、治安維持法のもと、絶対主義的天皇制のカナメの教科である修身科の授業を、このような形で実践したことは驚くべきことである。

藤原さんの実践は、性急な教育を排し、あくまでも子どもの発達段階に注意をはらっての自主教材の工夫であり、授業の展開であった。貧乏とは何かということの認識の追求、反戦平和の教育、児童会の指導など、藤原さんがたえず心を砕いていた問題であった。

一九三〇年――世界恐慌が日本にも波及し、失業地獄、農業危機が深刻となった。労働争議、小作争議が頻発した。日本帝国主義は大規模な中国侵略を準備していた。一九二八年の三・一五事件、翌年の四・一五事件と、相次ぐ日本共産党と革命的労働者に対する大弾圧が続いた。しかし、反撃の闘争は、あらゆる分野でねばり強く展開されたのであった。

この年九月、新興教育研究所が設立され、機関誌『新興教育』が発刊された。一一月下旬に、日本ではじめての階級的立場に立った教員の労働組合「日本教育労働者組合」(略称・教労)が結成された。もちろん非合法である。教労の運動方針は、『新興教育』一一月号に、渡辺良雄名の論文「日本に於ける教育労働者組合運動に就いての一考察」として発表された。渡辺良雄は、もちろん架空名で、教労初代委員長、二五歳の山口近治の執筆原案を、若き日の宮原誠一、増田寛一、黒滝チカラなどが検討し、再び山口が整理したものであり、日本の教育運動史上、不滅の光を放っているものである。

国定教科書反対、一学級四〇名制確立、授業料の廃止、体罰反対、組合の組織および活動の自由、スト権獲得、侵略戦争反対など、治安維持法下の過酷な弾圧状況の中でも、教育労働運動の今日的課題が先駆的に提起されていたのである。

藤原さんたちの自主的な運動組織が、教労と正式に結びついたのは一九三二年二月頃である。長野県における教育労働運動は、これを契機にして本格化していった。「二・四事件」といわれる長野県の教育労働運動への大弾圧が行われたのは、この一年後、一九三三年の二月四日であった。全県下で一三八人が検挙され、二八人が起訴。取り調べを受けた教員は実に六〇〇人に及んだ。社会に衝撃をあたえたこの事件を、新聞は「教員赤化事件」と書き立てた。しかし、新興教育運動の本質は、今日明らかなように、教育における民主主義的要求と、その実現を目指す運動であった。

当時の司法省刑事局の極秘資料『我国に於けるプロレタリア教育運動』（一九三三年九月）は、この運動を「赤化教育」と歪曲し、「児童の将来に関し実に寒心に耐へざるもの」としつつ、その証拠として、藤原さんのいた永明小学校の子どもの数編の作文を収録している。その中の一篇「戦争と忠君愛国」（樋口）と題した作文を見ると、天皇制政府が何を恐怖していたかが、実によくわかる。

――戦争は天皇に忠義をつくすことかも知れませんが、それでは愛国の心が何処にあるでせう。そして愛国の心とは戦争をやらない様にして世界各国を仲よくさして平和な世界とすることを云ふのではないでせうか。今は何処の国でもそうだか知らないが日本は金持が財産をつくるために戦争をやらせるのです。今にそんな事はさせない様になるでせう。

――この一一月二〇日と二一日（一九九二年）に、最初の事件の時の教え子たちが二〇人ほど来るのですよ。みんなひまごのいるような年ですがね。楽しみですよ。

教労長野支部の責任者として、「二・四事件」で検挙された藤原さんは、激しい拷問を受け、懲役三年の実刑判決で投獄された。満期で出獄したのは一九三六年であった。

藤原さんは、語り終わって、六〇年前の若い教師時代をなつかしむような表情で微笑した。

（『ほんりゅう』一九九三年二月号～五月号）

藤原晃（ふじわら・あきら）

一九〇六（明治三九）年一〇月一六日、東筑摩郡麻績村一七二、道四郎・つね代三男。二六年長野師範一部卒、四月南安曇郡北穂高尋常高等小、二八年諏訪郡永明尋常高等小、社会科学研究会に入会。三〇年二学期給料強制寄付に反対、三一年八月新教講習

会に参加、八月一七日王母家温泉の会議に参加、一〇月新教諏訪支局を結成。三二年二月八日教労長野支部を結成、書記局のち書記長、四月高島尋常小に強制配転、七月「観念論と唯物論――木村素衛哲学批判」を執筆し印刷。三三年二月四日検挙、治安維持法違反で起訴、三四年一〇月九日控訴審で懲役三年の実刑判決、三六年満期出獄。

（岡野正編『一九三〇年代教員組合運動関係者名簿』）

あとがき

私は、一九五〇年代の終わりから一九九〇年代のはじめ頃まで、私立学校を中心とした教育労働運動の分野で活動してきました。

一九五九年から一九六九年に日教組本部に移るまで、東京を中心とした大学から中・高・幼稚園までの私学の組合の連合体である、東京私学教職員組合（略称・東京私教連）の役員をしていました。当時の私立学校の組合運動は、まだ若木のような時代でした。高校生の急増期で、学園私物化をはかる経営者の合理化攻撃が厳しくなっていました。組合の活動家への不当な解雇攻撃が激発し、それに対する教職員のたたかいが、六〇年安保闘争をはさんで炎のようにひろがっていきました。こうした解雇撤回闘争の中で、私は、はじめて「教労」「新教」時代に活動した一人の教師に出会いました。石川五三二（いそじ）さんでした。石川さんは、戦前の文理科大学（のちの筑波大学）を出た研究者タイプの温厚な人でしたが、東京高等師範学校時代からの同級生と共同執筆で雑誌『プロレタリア科学』や『新興教育』に論文などを発表したり、「新教」活動に力を注いできた一人です。「二・四事件」の翌年にあたる一九三四年九月に検挙、治安維持法違反では起訴猶予となりました。解雇撤回闘争の中で、私は石川さんから多くのことを学びました。石川さんからは、会うたびに「ＳＫ」という言葉を聞かされました。「ＳＫ」は『新興教育』の略称で、同時にその読書会活動も意味していたようです。石川さんが「ＳＫ」と言うときの誇らしげな顔を、今も忘れることができません。

　東京私教連の時代に、もう一人忘れられない「教労」「新教」運動時代の活動家に会いました。黒滝チカラ（本名・雷助）さんです。黒滝さんの若き日の教育実践の著書『野に出る教室』の読後感を送ったのがきっかけで、交友がはじまりました。黒滝さんは、「教労」結成大会に参加、中央常任委員となり、「教労」神奈川支部を結成し、一九三一年三月に検挙休職、九月検挙、一一月には懲戒免職、免許状を剥奪され、処分を不当として県を告訴するなどして徹底してたたかいます。一九三九年九月に検挙、治安維持法違反で起訴され、懲役二年執行猶予四年の判決を受けます。

『新興教育』創刊号

　私は黒滝さんとはたびたびお会いして、石川さん同様、さまざまなことを学びました。六〇年代の半ば頃、都内のある私学で経営者が学園を放棄したような状況が起こり、組合が中心となって再建闘争をしたとき、私は黒滝さんを校長に推薦したことなどが思い出されます。

一九六九年にはじまる私の日教組時代は、勤評、六〇年安保闘争を経て、全国的には革新運動が一つの昂揚を迎えた時代でした。当時の日教組運動は、特定政党支持、押しつけなどの誤った方針上の弱点をもちながらも、社会的には大きな影響力をもっていました。こうした状況の中で、「教労」「新教」運動の歴史の掘り起こしと、その再評価の運動が大きく発展していきました。その中で、推進的な役割をになっていた一人に、井野川潔さん（作家・早船ちよさんの夫君）がいました。井野川さんは「新教」運動の中心部で、機関誌などの編集、発行を支え、その組織的発展に力をつくし、またプロレタリア文化連盟（コップ）の発展にも目配りを怠りませんでした。私は、日教組運動の中で井野川さんと多くの接触面をもち、井野川さんからたくさんの著書や資料をいただくなどして、後進として深い敬愛を抱いていきました（岡野正編『名簿』によりつつ）。

思えば、私の周囲には一九三〇年代の「教労」「新教」運動にかかわった宝のような先輩たちがたくさんいたのでした。現職の時代、いつかはこの運動について書きたい、書いてみたいと思いながら、遂にそれができず時が過ぎてしまったことは、かえすがえすも残念なことでした。石川さんも、黒滝さんも、井野川さんも、そして本書に登場した人たちも、今は鬼籍の人たちです。後悔はしきりです。

本書は、その罪ほろぼしにもならない、ささやかな作品です。しかも短歌とかかわり合わせた、範囲も限定されたものとなりましたのは、私の力不足というよりほかありません。

本書を書くにあたって、岡野正さんの労作『一九三〇年代教員運動関係者名簿（改訂版）』から多大の恩恵を受けました。もし、この岡野さんの労作がなければ本書はとても書けなかっただろうと思い、ここに、心からお礼を申し上げる次第です。

本書の第一部は、二〇一八年の春頃から書きはじめ、最初の稿は私がかかわっている東京都町田市の短歌会の月一回の機関誌『日だまり』に連載したものです。本書に収めるにあたって、正誤を正し、大幅な加筆をするなどしました。『日だまり』の私の連載は、岡島幸恵さんの大きなご協力や、歌会の皆さんに支えていただいたことに、深く感謝したいと思います。

前著『啄木断章』に続き、本書も本の泉社のお世話になりました。新船海三郎さんをはじめ、社の皆さんに厚くお礼を申し上げる次第です。

二〇一九年一一月二五日

我孫子にて

碓田のぼる

碓田　のぼる（うすだ・のぼる）

一九二八年生まれ。歌人、教育運動家。高校教諭を経て、全国私教連委員長、全教副議長などを歴任。渡辺順三に師事。新日本歌人協会全国幹事、日本民主主義文学会会員、国際啄木学会会員。歌集『花どき』で多喜二・百合子賞受賞。著書に『火を継ぐもの：回想の歌人たち』『団結すれば勝つ、と啄木はいう：石川啄木の生涯と思想』、『歴史：碓田のぼる歌集』、『一途の道：渡辺順三歌と人生』（戦前・戦後編）、『啄木断章』など。

一九三〇年代「教労運動」とその歌人たち
―長野県「二・四事件」のひびき―

2020年2月4日　初版第1刷発行

著　者　碓田 のぼる
発行者　新舩 海三郎
発行所　株式会社 本の泉社
〒113-0033 東京都文京区本郷2-25-6
TEL. 03-5800-8494　FAX. 03-5800-5353
印刷・製本　中央精版印刷 株式会社
ＤＴＰ　木椋 隆夫

ISBN978-4-7807-1956-7　C0095　1500円＋税